INDIRA GANDHI

INDIRA GANDHI

La mujer que fue capaz de
cambiar la India para siempre

Mercedes Castro

RBA

❧ CONTENIDO ❧

En el momento de mayor éxito de su carrera política, los seguidores de Indira Gandhi acuñaron un eslogan que pasaría a la historia: «Indira es India, India es Indira». Y, ciertamente, pocos líderes mundiales han logrado alcanzar un grado tal de identificación, de personificación de los valores y del espíritu del país que representan. Pero en el caso de Indira Gandhi, además, esta frase va más allá de ser un mero eslogan: es una verdad incontestable. Desde su mismo nacimiento en el seno de la dinastía Nehru, en una época convulsa en la que la nación estaba sometida al dominio británico, el destino de Indira estuvo marcado por la implicación de toda la familia en la lucha contra la opresión a favor de la libertad de su país.

Uno de sus más tempranos recuerdos tuvo que ver con su aportación al que sería el primer sacrificio realizado por la India en la quema de objetos como reafirmación de la identidad nacional frente al colonialismo británico. A partir de entonces, mantuvo una marcada aversión por el fuego. Desde pequeña, pasaba largas horas jugando a representar mítines, escribiendo largas cartas a su padre ausente o acompañando a su madre, Kamala, a las manifestaciones en las que, al fin, en un país fuertemente marcado por la división de la sociedad en castas y de los hogares en géneros, las mujeres tuvieron la oportunidad de alzar la voz por sus derechos.

La personalidad de Indira fue bebiendo de todas esas experiencias. Menuda y vivaracha, aprendió a escuchar y a alimentarse de las palabras de todos los sabios que frecuentaban su hogar, como Gandhi o Tagore, que siempre la trataron como a un espíritu libre. Pronto aprendió a valerse por su cuenta, a demostrar a su entorno una fortaleza interior inusual y unas dotes de mando y organización excepcionales. De entre todas las figuras, sintió con especial fuerza la de su madre, cuyo ejemplo marcó profundamente su carácter haciéndola comprender el auténtico valor del amor y de la familia. Aunque distinguía perfectamente lo profesional de lo personal, Indira se mostró siempre cercana y atenta a las necesidades de la gente. Su familia fue para ella el mejor refugio en aquellas situaciones en las que necesitaba apoyo y cariño.

De mentalidad progresista y humanitaria, Indira fue una firme defensora de los matrimonios por amor, sirviendo de ejemplo para muchas mujeres del subcontinente asiático y del mundo. Su reclamo por la libertad y su rechazo al sometimiento de la mujer a los matrimonios concertados pretendió motivar el cambio en una sociedad tradicionalmente patriarcal que no se caracterizaba por destacar el valioso papel de las féminas. Muchas mujeres, inspiradas por sus acciones, sintieron que no tenían por qué aceptar los designios de una familia que organizaba sus vidas por encima de sus deseos.

Si hoy Indira Gandhi es considerada un símbolo que nos habla de valor y sacrificio en pos del bien común y del diálogo, es porque supo hacer de la escucha, la solidaridad y la comprensión su sello de identidad. Y si se la considera un ejemplo de inteligencia y diplomacia es, precisamente, porque halló el modo de aplicar sus propias convicciones y sentimientos a la práctica política para hacer de muchas de sus virtudes, consideradas tradicionalmente femeninas, valores imprescindibles del entendimiento entre naciones, religiones e idiosincrasias profundamente diferentes que, sin embargo, podían convivir en paz.

Indira hizo ver al mundo que una mujer podía ser la líder política indiscutible de la mayor democracia del mundo, con criterio propio y la capacidad de tomar decisiones de enorme calado en igualdad de condiciones que los hombres. Se midió con éxito con mandatarios como Kennedy, Nixon o Brezhnev, pero, sobre todo, consiguió instaurar en la política internacional, un terreno tradicionalmente vetado a las mujeres, nuevas formas, nuevas maneras de negociar, discutir y gobernar «en positivo»: escuchando, meditando, acercando posiciones, comprendiendo al otro, aceptando al diferente y utilizando argumentos frente a imposiciones.

Ella, que nació en un país profundamente clasista y machista, siempre supo, sin embargo, sonreír y perdonar incluso en las más difíciles circunstancias. Fue una ferviente defensora de la unidad, la industrialización y la alfabetización como herramienta de progreso. Defendió incansablemente la abolición del sistema de castas, reivindicó los derechos de las mujeres y procuró mejorar las condiciones de vida de los más desfavorecidos al tiempo que promovía una defensa de la ecología y de la cultura de su país.

Prudente y enormemente tenaz, cultivó el humanismo y la espiritualidad, promoviendo el amor por encima de las conveniencias y buscando, hasta el fin de sus días, dar voz a los más débiles. Abrió las fronteras de su país para dar acogida a los budistas tibetanos que huían de la ocupación china, atendió las demandas de los barrios más humildes, trabajó como voluntaria en campos de refugiados musulmanes y promovió la escolarización femenina, sabedora de que la cultura y el conocimiento eran las mejores herramientas para ayudar a las mujeres a vencer las barreras que les imponía una sociedad que, hasta entonces, había intentado mantenerlas relegadas al ámbito estrictamente doméstico.

Indira fue educada en la convicción de que la libertad era posible y de que, pese a que la sociedad de su país se cimentaba en un inamovible sistema social, todas las personas, tal y como proclamaba Gandhi, eran importantes, y, como tales, debían ser tratadas con respeto. Toda su vida defendió estos principios, dando muestras de un sentido solidario que la llevó a desplazarse a zonas en conflicto o bajo la amenaza militar, movida por la creencia de que los actos políticos tenían una trascendencia que iba mucho más allá de los tratados, del establecimiento de fronteras o de los acuerdos firmados por los altos dignatarios.

Indira, la niña acunada por Gandhi, la hija de un luchador por la independencia que pasó gran parte de su vida encarcelado, supo ver que la política tenía implicaciones en la población, y esa enseñanza fue lo que la convirtió en una líder que procuró no perder de vista a la gente de la calle, a los habitantes más sencillos y humildes de la India, porque, en el fondo, era para ellos para quienes gobernaba. Sin embargo, también perdió en unos años funestos el contacto con la realidad de su país y pagó duramente las consecuencias. Pero, a diferencia de otros muchos mandatarios, supo aprender de sus errores, reconocerlos y, de nuevo, intentar ponerse en pie y seguir adelante pese a las adversidades que el destino le deparó.

Indira luchó hasta el final. Se sobrepuso al dolor de perder a muchos seres queridos y, siempre rodeada de hombres que nunca parecieron comprenderla del todo, siguió adelante decidida a velar por un país de una gran complejidad social que supo contribuir a levantar.

La historia de la India está profundamente ligada a Indira. Estas páginas dan cuenta de su esfuerzo, su tesón, su transcendencia y su ejemplo para todas aquellas mujeres que aspiran a hacer valer su voz.

1

LA NIÑA QUE SOÑABA CON LIBERAR A LA INDIA

*Quise sacrificar mi vida por mi país.
Parecían tonterías y en cambio... Lo que sucede
cuando somos niños incide para siempre en nuestra vida.*

INDIRA GANDHI

En la imagen de la página anterior, Indira de adolescente junto a sus padres. Desde pequeña demostró poseer el arrojo y el ímpetu de una líder, influida por su educación y por el espíritu luchador que su familia le inculcó.

En la segunda década del siglo xx, en los difíciles años en los que la India intentaba sacudirse el dominio colonial británico, una niña solitaria, menuda y tímida soñaba con liberar a su país. Vivía en una villa azul y blanca conocida como Anand Bhavan («la morada de la felicidad»), en la populosa ciudad de Allahabad, cerca de la frontera con Nepal. Muy pronto, aquella niña descubrió que su familia no era como las demás. Se llamaba Indira, pero en su casa todos la llamaban Indu, y se apellidaba Nehru, un nombre que, en su país, llevaba aparejado un profundo significado. La relevancia de su apellido trascendía con mucho el prestigio de su padre, Jawaharlal, y de su abuelo, Motilal, respetados y notorios abogados; y también, sin duda, el hecho de que fueran una familia adinerada y próspera, en la que tanto los hombres como las mujeres eran personas instruidas, cultas y con estudios, que conocían el mundo, hablaban idiomas y poseían amplitud de miras y de horizontes.

En aquel país sometido desde hacía un siglo al yugo de la colonización inglesa, el apellido Nehru significaba libertad, y también conllevaba una promesa: la de que todos y cada uno de los miembros de la familia lucharían incansablemente por la independencia de su pueblo, algo que desde bien pronto, antes siquiera de aprender a leer, escribir o deletrear su propio nombre, asumió la pequeña Indu.

Indira vino al mundo el 19 de noviembre de 1917 en Anand Bhavan, la residencia familiar. Todos aguardaban su llegada con una mezcla de expectación y esperanza: aquel bebé sería el primogénito de Jawaharlal y de su joven esposa, Kamala Kaul, y, también, el primer nieto de Motilal.

Tanto los Nehru como los Kaul procedían de Cachemira, pero ambas familias habían decidido emigrar en busca de prosperidad y un futuro mejor. Los Nehru se habían asentado en Allahabad, mientras que los Kaul, atraídos por la importancia política y comercial de Delhi, la metrópolis más poblada de la India, se habían decantado por esta histórica ciudad.

Las dos familias pertenecían a la clase más pudiente y elevada de su sociedad: eran brahmanes, la casta hindú dedicada tradicionalmente a labores relacionadas con la religión, la actividad intelectual y la enseñanza. Sin embargo, a diferencia de los Nehru, los Kaul eran mucho más conservadores: sus costumbres, su educación y su estilo de vida estaban profundamente arraigados en la tradición y la cultura hindúes y vivían, vestían e incluso se expresaban de una forma absolutamente alejada del modo occidental, hasta el punto de que Kamala, antes de convertirse en esposa de Jawaharlal, no sabía hablar inglés.

Su matrimonio, celebrado en 1916, fue concertado, una práctica habitual en la India entre miembros de la misma casta. El novio tenía veintisiete años, diez más que su futura esposa, quien desde el primer momento no encajó bien con las mujeres de su familia política, entre ellas su suegra, Swarup Rani, la hermana de esta, Bibi Amma, que vivía con la familia, y sus dos jóvenes cuñadas, Krishna y Vijayalakshmi, hermanas menores de Jawaharlal. Sin embargo, nada de todo esto parecía importar aquel tormentoso 19 de noviembre de 1917. Estaba a punto de nacer el primer miembro de una nueva generación y, aunque nadie lo decía en alto, todos deseaban que fuera un varón. Por fortuna, y pese a la sorpresa, cuando se supo que se trataba de una niña, ninguno de los dos hombres de la casa pareció sentirse decepcionado, tal vez porque confiaban en que los futuros embarazos de Kamala podrían darles varones. Sea como fuere, Jawaharlal estableció desde un principio que Indira recibiría una educación basada no en su género —algo que con el paso del tiempo habría terminado relegándola a las labores domésticas—, sino en su futuro y su potencial: era una Nehru, por lo que estaba llamada a grandes empresas, y, como tal, debía ser instruida para ello.

El período de formación de Indira comenzó muy pronto, y no se limitó a la instrucción intelectual con profesores particulares y preceptores en la casa familiar, sino también, y sobre todo, a la toma de conciencia de su identidad y de lo que ello conllevaba. Quizá por este motivo el primer recuerdo de la pequeña Indu tendría mucho que ver tanto con su país, la India, como con su origen, y tuvo como escenario su propia casa.

El año 1920 marcó un punto de inflexión en la vida de la familia y fue un año clave en el destino político del clan Nehru. Jawaharlal se convirtió en activo seguidor de uno de los amigos más próximos de la familia, Mohandas Karamchand Gandhi, considerado el líder indiscutible del movimiento de independencia indio.

Gandhi había desarrollado un método de protesta, el *satyagraha* («abrazo de la verdad» en sánscrito), que promovía la desobediencia civil, la resistencia pasiva y la no violencia. En 1919, la popularidad del movimiento llevó al Parlamento británico a aprobar la Ley Rowlatt, que autorizaba al virrey de la India a arrestar sin orden judicial previa a cualquier sospechoso de rebeldía. Esta medida no hizo sino incrementar la tensión en el país, hasta el punto de que el 13 de abril de 1919, en la ciudad de Amritsar, las tropas británicas cargaron indiscriminadamente contra una muchedumbre desarmada que participaba en una protesta pacífica. Hubo cuatrocientos muertos y mil doscientos heridos, entre los que se contaban mujeres y niños.

Como única respuesta posible a la masacre, Gandhi, ya conocido como Mahatma («alma grande»), promovió una campaña de no cooperación y boicot a la presencia inglesa en el país. Fueron muchos los ciudadanos indios dispuestos a tomar medidas drásticas: funcionarios que ocupaban altos cargos gubernamentales dimitieron, numerosas familias sacaron a sus hijos de los colegios británicos y Jawaharlal, que sentía que no podía permanecer al margen, decidió sumarse al movimiento encabezado por Gandhi abandonando su profesión de abogado para dedicarse únicamente a luchar por la independencia de la India. En cierta manera, ser abogado suponía defender y respetar las leyes inglesas, las del país que sometía a los suyos, y por tanto debía renunciar a ellas, así como a todo signo (doméstico, de vestimenta o relativo a las costumbres) que implicara su aceptación y, por lo tanto, legitimara el dominio colonial. Para certificar esta decisión, y como acto simbólico, los Nehru decidieron quemar en una hoguera los muebles, las ropas y todos los objetos de fabricación británica que poseían.

La suya era una casa rica, incluso suntuosa; había sido construida en 1871 y Motilal la había comprado en 1900 con la intención de convertirla, más que en una villa, casi en un palacio que diera fe de su privilegiada posición como uno de los mejores letrados del país. Estaba enclavada en una enorme finca de extensos y frondosos jardines y praderas y decorada con muebles, vajillas, pinturas y selectas tapicerías adquiridas en los muchos viajes que el patriarca había realizado por Europa durante su carrera. En aquel momento, el de su máximo apogeo, la residencia, a la que se accedía a través de una escalinata blanca flanqueada por inmensas galerías con balaustradas pintadas de azul, contaba con casi un centenar de miembros de servicio.

El día de la quema, el fuego devoró todos los objetos, prendas y símbolos relacionados con la dominación británica. Se quemaron desde los uniformes de corte occidental del personal de servicio hasta los impecables trajes de confección inglesa de Motilal y Jawaharlal, e incluso la ropa blanca de la familia, de la que se decía que era enviada a la capital británica todas las semanas para ser lavada, fue pasto de las llamas. La pequeña Indira, de tres años, asistió a todo ello sin perder detalle. A partir de ese día, la familia vistió las prendas tradicionales indias tejidas a mano, habló en hindi y no en inglés y renunció a cualquier elemento que representara la aceptación de la dominación británica.

¿A cualquiera? Apretada contra su pecho, Indira sostenía una muñeca, un regalo de su padre traído de uno de sus muchos viajes a Inglaterra, de la que se negaba a desprenderse. Uno de sus primos, mayor que ella, se acercó y le exigió que la arrojara al fuego, pues también aquel objeto era de fabricación inglesa. De lo contrario, le dijo, estaría traicionando a la India.

Indira se negó y huyó a su habitación, donde escondió la muñeca. Días después, aquellas palabras seguían atormentándola, haciéndola debatirse «entre el amor a mi muñeca y el deber hacia mi país», hasta que finalmente, una mañana, subió a la azotea de la casa y allí, sola, prendió fuego a su querida compañera de juegos. Pocas horas después, pareció que las llamas que habían engullido a su muñeca la hubieran consumido también a ella, pues cayó enferma, presa de la fiebre. Tiempo más tarde reconocería, en uno de los muchos textos autobiográficos que publicó sobre los primeros años de su vida, que «Incluso a día de hoy, sigo odiando prender una cerilla».

Casi un año después, en noviembre de 1921, Motilal y Jawaharlal organizaron una huelga coincidiendo con la visita oficial del príncipe de Gales, y el heredero de la corona del Imperio británico, el príncipe Eduardo, no fue recibido con el clamor popular esperado. No hubo banderolas ni multitudes en las calles, los comercios permanecieron cerrados y el paso de la comitiva se desarrolló por una ciudad desierta. Poco después, la policía irrumpió en Anand Bhavan y detuvo a los dos varones de la familia Nehru. Aquel fue el primero

La benjamina de los Nehru creció en un ambiente dominado por mujeres (abajo, con su madre y otras miembros de la familia) y bajo un apellido que la destinaba a contribuir de forma activa en la liberación de su país. Sus padres eran la revolucionaria Kamala y el abogado Jawaharlal (arriba, a la izquierda), a quien solía imitar ofreciendo mítines al personal de servicio (arriba, a la derecha).

de los muchos arrestos a los que se enfrentarían ambos. En el juicio posterior, el anciano Motilal se sentó en silencio en el banquillo de los acusados. Él, un eminente abogado, rehusaba defenderse en la misma sala de juicios en la que con tanto celo había desempeñado su cargo, como muestra de desprecio al tribunal inglés. Mientras se desarrollaba el proceso, Motilal sostuvo en su regazo a Indu, su pequeña y única nieta. Su silencio fue, tal vez, la mejor enseñanza que pudo transmitirle, y la niña, a sus cuatro años, pareció comprenderlo, pues incluso la prensa local la alabó por su buen comportamiento. Como buena Nehru, Indira era, sin duda, digna y orgullosa.

Días más tarde, el tribunal dictó sentencia imponiendo una multa que Motilal y Jawaharlal se negaron a abonar, lo que provocó que la policía irrumpiera de nuevo en la casa familiar para embargar los muebles como pago. Pese a su corta edad y su frágil apariencia, Indu plantó cara a los agentes e incluso llegó a morder a uno en un dedo; sin lugar a dudas, además de la ideología y la determinación de la familia, Indira también había heredado su espíritu luchador y la convicción necesaria para defender sus ideas hasta las últimas consecuencias.

∽∼

A partir de aquella primera encarcelación, la lucha de los Nehru se intensificó. Se convirtieron en los seguidores más activos y destacados del movimiento encabezado por Gandhi, a quien Indira llamaba familiarmente Bapu («padre»), y Anand Bhavan pasó a ser, en cierto modo, el cuartel general de todos los militantes. La familia al completo estaba implicada en la lucha, y la casa siempre estaba llena de personas que entraban y salían con recados, consignas y órdenes, de modo que la vivienda dejó de cumplir su función primordial de hogar. Aquel no era un ambiente convencional para una niña, sola entre tantos adultos que a todas horas pretendían hablar con su padre, con su abuelo o con Mahatma, que solía instalarse allí a temporadas.

Indira buscaba refugio en el jardín, donde trepaba a los árboles y jugaba sin ningún tipo de restricción y sin preocuparse por las normas que le imponían los adultos; a veces, incapaz de sustraerse del ambiente de la casa, colocaba a todos sus muñecos en formación y organizaba manifestaciones que debían resistir las cargas policiales, o representaba insurrecciones, reuniones, escenas de arrestos... «Mis muñecas casi nunca fueron bebés, sino hombres y mujeres que atacaban cuarteles y acababan en la cárcel», relataría tiempo después. También, en ocasiones, reunía al servicio y, subida a una silla, los arengaba con mítines apasionados. Toda la familia estaba afiliada al Partido del Congreso —la agrupación política a favor de la independencia de la India fundada, entre otros, por Motilal— y Kamala, viendo el fervor insurgente de su hija, le cosió un pequeño uniforme de voluntaria del partido con el que Indira desfilaba orgullosa. Sus juegos, necesariamente, representaban su vida:

No solo mis padres, sino toda mi familia estaba implicada en la resistencia [...]. De manera que, de vez en cuando, acudían los guardias y se los llevaban indiscriminadamente. [...] ¡No se imagina cómo me ha formado el criarme en aquella casa en la que la policía irrumpía para llevárselos a todos...! Desde luego, no he tenido una infancia feliz y serena. Era una niña delgada, enferma, nerviosa [...]. Y tenía que arreglármelas sola.

Como recordaría muchos años más tarde en una larga entrevista concedida en 1972 a la escritora Oriana Fallaci, su vida eran aquellos arrestos indiscriminados en los que las autoridades no solo se llevaban a los hombres de la familia, sino también a las mujeres, pues estas participaban activamente en las protestas. Valientes y firmemente comprometidas, la causa las movía tanto por su patriotismo como por el deseo de demostrar su implicación. En medio de aquel clima de reivindicación de libertades, no podían menos que reclamar sus propios derechos y su lugar en una sociedad que hasta entonces las había arrinconado y silenciado.

Tras los arrestos, los amigos de la familia a menudo llamaban a la puerta preguntando por su padre, e Indira acudía a abrir y explicaba: «Lo siento, está en la cárcel». Y es que, en efecto, los períodos de encarcelamiento de su padre cada vez eran más largos y habituales, e Indira pronto tuvo que habituarse a sus ausencias y a las visitas mensuales al penal acompañando a su madre.

Jawaharlal, que con ironía había llegado a afirmar que la cárcel era su «segundo hogar», intentaba por todos los medios no perder el contacto con su hija. Por eso, en otoño de 1922, decidió comenzar a escribirle largas cartas, que posteriormente se recogerían en diversos volúmenes y serían estudiadas en los colegios de la India por su indudable valor, tanto moral como didáctico. En aquellas misivas, que solía firmar como Papu, le hablaba con toda sinceridad de sus convicciones, de su modo de entender la vida y, también, de sus aspiraciones respecto a ella:

Hija mía:

Ayer me preguntaste por qué tenías que aprender tantas cosas al mismo tiempo: porque quiero que recibas una instrucción integral. No solo formación intelectual, lo que te convertiría en un ser de enorme cabeza y cuerpo pequeño. Quiero que seas una persona completa, y eso significa una educación lo más amplia posible. Tus preceptores dicen que destacas en todo lo relativo al pensamiento, pero tú no eres mero intelecto, ni rudo cuerpo animal, ni solo corazón o alma. La armonía de los tres aspectos hará de ti una persona íntegra y completa.

Por esas vías te liberarás de la dominación de la ignorancia y ayudarás a los demás a liberarse de ese monstruo cegador, que es uno de los más tristes signos de debilidad con los que tendrás que luchar. Cuanto más combatamos la ignorancia, más cerca estaremos de la libertad.

Te escribo estas palabras que quizá únicamente comprenderás plenamente dentro de algunos años. Pero quiero que conserves estos rastros de tu padre que tanto te quiere.

Para Indira aquella relación epistolar, la única que podía mantener con su padre, era prioritaria, casi orgánica, e influida por sus palabras buscaba parecerse a él en todo cuanto le fuera posible. Como ejemplo, baste un detalle curioso. Jawaharlal, a quien muchos ya comenzaban a llamar Pandit («maestro») Nehru, disponía de un telar en la cárcel para fabricarse sus propias ropas. Se trataba de un gesto simbólico, alentado por Gandhi, que representaba el rechazo a la vestimenta y costumbres británicas y el respeto a la tradición hindú; Indira, como no podía ser de otro modo, exigió tener en casa su propio telar en miniatura. Más tarde, a medida que crecía y aprendía a leer y escribir, comenzó a enviarle largas cartas que firmaba, para diversión de su padre, como *Indu-boy*.

∽∾

Por desgracia, y en efecto, ella sería el único «hijo» (*boy*) para el matrimonio, pues en noviembre de 1924, Kamala dio a luz en ausencia de Jawaharlal, de nuevo encarcelado, a un niño prematuro que murió a los pocos días de nacer. Indira no dudó en recurrir a sus abuelos y tías para rogarles que le brindaran más atención y cariño a su madre, físicamente muy débil tras el parto y vulnerable por el posterior fallecimiento de su bebé, aunque su petición cayó en saco roto.

Quizá su indiferencia no fuera tal; es posible que, en realidad, ellos se consideraran implicados en causas mayores y más trascendentes: la de los Nehru era una lucha que perseguía liberar a todo un país, por lo que no podían ocuparse de una única persona, una única pena, una única pérdida. Sin embargo, desde la perspectiva de Indira, una niña para la que el centro de su mundo eran con toda lógica sus padres, aquella frialdad para con su madre, aquella incomprensión incluso, se entendía como una injusticia: solo ella parecía ser consciente del dolor de Kamala, solo ella parecía preocuparse por su estado y ser su único consuelo. A raíz de aquella terrible experiencia descubrió dos circunstancias que cimentaron su personalidad y su modo de entender la política: por un lado, que nadie daba voz a las personas en situación de debilidad y, por tanto, era imperioso enseñarles a hacerse oír; por el otro, para bien o para mal, que todo el peso y las expectativas de un apellido como el suyo recaerían en ella y solamente en ella.

También aprendió, quién sabe si inspirada por la doctrina de Gandhi, a mostrar su oposición ante las injusticias no a través de la violencia o la protesta activa, a todas luces ineficaces frente a su familia dada su corta edad, sino del silencio, que utilizaba, encerrándose en su mundo y ocultando sus emociones, para ignorar, mostrar su disconformidad y exasperar a los adultos. Muchos años después, convertida ya en una líder respetada a nivel mundial, seguiría utilizando esos silencios como parte de su táctica política a la hora de negociar o debatir asuntos de vital trascendencia.

En última instancia, el fallecimiento del segundo bebé del matrimonio, aquel varón tan deseado por los Nehru, fue determinante para toda la familia y para el desarrollo de su historia. A consecuencia del parto prematuro, de la pena y de la soledad que le ocasionó dicha muerte, Kamala empeoró tanto física como anímicamente. Pronto hubo que buscar especialistas fuera de Allahabad que pudieran tratarla, hasta el punto de que Jawaharlal se vio obligado a recurrir a médicos ingleses, una decisión que tomó a sabiendas de que supondría interrumpir el boicot de la familia a las instituciones coloniales.

El diagnóstico fue contundente: tuberculosis pulmonar, una enfermedad gravísima y con un porcentaje de mortandad tan elevado en aquella época que padecerla se consideraba casi una sentencia de muerte. Jawaharlal decidió ingresar a Kamala en un hospital de la ciudad india de Lucknow y, para estar cerca de ella, Indira se trasladó allí con Rajpati, su abuela materna. Sin embargo, tras varios meses, y ante la falta de mejoría, se hizo necesario dar un paso más y trasladar a la paciente a la ciudad suiza de Ginebra.

Jawaharlal tuvo que pedirle dinero a Motilal. La renuncia del otrora brillante y solicitado abogado a ejercer su profesión para volcarse en la lucha por la independencia había mermado considerablemente sus recursos. Su padre, en cambio, que había ejercido durante más años y seguía siendo un hombre acaudalado, no vaciló en hacerse cargo de los gastos, por lo que el 29 de febrero de 1925, Indira y sus padres embarcaron rumbo a Europa. A Indu, que a los siete años no había salido de la India, la experiencia le resultó memorable, no solo por el viaje en barco de vapor o el desembarco en un país tan diferente al suyo, sino por el hecho de vivir a solas con sus padres. Y es que sin tías ni abuelos ni otros parientes más lejanos alrededor, sin sirvientes ni compañeros de partido rondando por la casa, aquella era la primera vez que Indira tenía a sus padres «en exclusiva» para ella y, a pesar del drama que suponía la enfermedad de Kamala, la novedad era excitante. Es cierto que la pensión en la que se alojaban nada tenía que ver con la villa en la que había nacido y crecido, y tampoco con los lujosos hoteles que Jawaharlal había frecuentado durante los años dorados de su profesión. Pero no es menos cierto que, a cambio de renunciar al antiguo esplendor, Indira contaba ahora con una independencia inusitada, muy alejada del férreo control al que siempre la habían sometido institutrices y niñeras.

༄༅

Jawaharlal matriculó a su hija en la prestigiosa Escuela Internacional de Ginebra y la instó no solo a estudiar, sino también a madurar y a valerse por sí misma, animándola, entre otras muchas cosas, a ir sola al colegio a pesar de su corta edad. Esa fue otra de las novedades para Indira: podía caminar por la calle sin la constante vigilancia de un adulto, un hecho banal para tantos niños pero que, para ella, supuso una inyección de seguridad en sí misma.

Aquellas calles, además, eran muy diferentes a las de su país: limpias, de colores discretos y poco llamativos; calles frías y húmedas de tonos grises y azules, de aire puro y, sobre todo, silenciosas. Cuando caminaba por ellas, a Indira la asaltaba una desconcertante contradicción: experimentaba paz, sosiego y tranquilidad, pero a la vez añoraba el caos al que estaba acostumbrada, el de las avenidas polvorientas y populosas de su país, llenas de gente, de ruido, de moscas y bullicio, de color. Le gustaba el orden europeo, aquella sensación de previsibilidad que le daba certezas en un mundo como el suyo, siempre a punto de desmoronarse, pero echaba de menos los saris de vivos colores, las vacas en mitad de la vía pública, la luz y, sobre todo, el sol y el aire cargado de aromas de su tierra.

Eso sí, gozaba de una muy novedosa libertad: en Suiza no era la heredera de la saga más importante del país, nadie sabía cómo se apellidaba, y eso le proporcionaba una libertad que, sin embargo, duró poco tiempo, pues la salud de Kamala no mejoraba y Jawaharlal decidió mandar a su hija a un internado para dedicarse por completo a su esposa.

Indira pasó por dos internados suizos, uno en Chesières y, después, otro en la ciudad de Bex: la Escuela Nueva. Situado en las montañas, el centro potenciaba la «vida sana» y fomentaba el contacto con la naturaleza. Por ello se procuraba que las alumnas respiraran aire puro en todo momento, por lo que las ventanas del colegio siempre estaban abiertas. Aquello, junto con las duchas de agua helada, mortificaba enormemente a Indira, que más adelante recordaría con desagrado el lugar, excepto por un detalle: probablemente fue allí, o quizá en un viaje durante las vacaciones escolares de verano con sus padres a Londres y París, donde descubrió la figura de Juana de Arco. El impacto resultó determinante para ella:

> Fue mi sueño de chiquilla [...]. No recuerdo dónde leí algo acerca de ella, pero sí que inmediatamente cobró una importancia definitiva para mí. Quise sacrificar mi vida por mi país. Parecerían tonterías, y en cambio... Lo que sucede cuando somos niños incide para siempre en nuestras vidas.

El valor de la Doncella de Orleans, su fe en la fuerza de sus convicciones y su audacia para hacer frente a la autoridad imperante fue un modelo tanto para aquella Indira que anhelaba emularla como para su padre, que desde la prisión apeló en múltiples ocasiones a todo aquello que la mártir simbolizaba para infundir en su hija el coraje que necesitaba para poder salir adelante. En una de estas cartas le escribió:

Luna mía, ¿recuerdas cómo te fascinaba Juana de Arco y cómo querías parecerte a ella? Los hombres y mujeres comunes no suelen ser heroicos. Piensan en su pan y mantequilla cotidianos, en sus hijos, en las preocupaciones de su hogar y en cosas similares. Pero llega un momento en que todo un pueblo se llena de fe por una gran causa, e incluso hombres y mujeres simples y corrientes se convierten en héroes, y la historia se convierte en conmovedora y en un hito. Los grandes líderes tienen algo en ellos que inspira a todo un pueblo y los hace hacer grandes obras.

No sería el único descubrimiento de Indira durante el periplo europeo de los Nehru: en Londres se vieron obligados a peregrinar de pensión en pensión en busca de una que los aceptara, ya que en muchas les negaban el alojamiento por ser «personas de color». Este hecho, el rechazo por no ser blancos, supuso un choque brutal para Indira, cuya familia, al pertenecer a la casta hindú más privilegiada, la de los brahmanes, era tratada en la India con una consideración equiparable a la reservada a la nobleza. Fue una dura experiencia que contribuiría a forjar en su interior la necesidad de luchar fervientemente contra el racismo y la desigualdad.

Por fortuna, la salud de Kamala fue mejorando, y poco después de aquellas vacaciones, a finales de 1927, Jawaharlal decidió que era el momento de regresar a la India. Su relevancia política a nivel internacional se había consolidado durante aquella larga estancia suiza mediante encuentros con líderes europeos y figuras destacadas del mundo de la ciencia y la cultura, como el físico Albert Einstein, el político inglés George Lansbury, gran defensor de los derechos de las mujeres y la justicia social, o Romain Rolland, famoso escritor y pacifista francés que en 1915 había sido galardonado con el Premio Nobel de Literatura. Indira, que a causa de aquel prolongado viaje había pasado dos años años alejada de su país, volvía a él con diez años y algunas valiosas lecciones en su interior.

〜·〜

Indira retomó pronto sus costumbres, pero lo cierto es que la estancia en Europa había provocado importantes cambios en ella. Aunque nunca lo había sido, ahora era menos conformista si cabe, y en lo relativo a la educación se había vuelto más exigente, demostrando un insaciable interés por adquirir conocimientos. Por este motivo, el plan de estudios de su nuevo colegio en Allahabad, el Convento de Jesús y María, regido por religiosas, comenzó a resultarle insuficiente en comparación con la formación recibida en Suiza. Empezó a faltar a clase cada vez más a menudo, para dedicarse, en cambio, a acompañar a su abuelo en sus viajes, algo que tanto este como su padre aceptaron, pues sabían que en las aulas Indira jamás tendría acceso a las experiencias que acumularía junto a ellos.

A finales de aquel año, con motivo de la sesión anual del Partido del Congreso, la familia viajó a Calcuta, la ciudad más industrializada del país, donde la conciencia política de la ciudadanía empezaba a tomar fuerza. Debido a su preponderancia económica, desde finales del siglo XIX las ansias de independencia habían cristalizado allí de manera especialmente intensa, lo que había motivado que en 1911 los ingleses retiraran la capitalidad a la ciudad a favor de Delhi.

La convención del partido reunía a los líderes más destacados del movimiento, y la población esperaba expectante a Gandhi, pero también a los Nehru, que habían viajado hasta Calcuta al completo. Todos entendían que se trataba de un momento histórico, y así lo vivieron y escenificaron: accedieron a la sede de la asamblea en un carruaje tirado por treinta y cuatro caballos blancos y precedido por un escuadrón de motoristas. La comitiva la cerraba un cortejo de voluntarios ataviados con el uniforme del partido y mujeres con el sari tradicional. Desde luego, nada que ver con el fallido recibimiento al príncipe de Gales que había llevado a Jawaharlal y a Motilal a la cárcel seis años antes. El suyo sí que era todo un cortejo real, el de unos líderes aclamados por su pueblo.

En el transcurso de aquella asamblea, el Congreso Nacional Indio eligió a Motilal como presidente del partido, y un año después, la convención celebrada en Lahore hizo lo propio con Jawaharlal. La familia entera asistió a aquel acto de profundo simbolismo para los Nehru, y allí presenciaron cómo un anciano Motilal se despojaba de la capa de presidente y la colocaba sobre los hombros de su hijo mientras declaraba: «Lo que el padre no puede llevar a término, que lo consiga su hijo».

Aquella asamblea fue un acontecimiento histórico también por otro motivo, pues estaba previsto que, al cierre de la sesión, el 31 de diciembre de 1929, se proclamara una solemne resolución reivindicando la independencia de la India. Jawaharlal había trabajado en ella durante días, a sabiendas de su trascendencia. Cuando terminó de redactar el texto, llamó a Indira a su despacho en Anand Bhavan y, tendiéndole una copia mecanografiada, le pidió que la leyera en voz alta. Ella, con voz trémula y emocionada, cumplió su petición. Años después, en el libro *My Truth* («mi verdad»), un compendio de entrevistas en las que Indira rememoraba los momentos más significativos de su vida, recordó cómo aquellas palabras de su padre se grabaron a fuego en su cabeza y en su corazón:

> Creemos que es un derecho inalienable del pueblo indio, como lo es de todos los demás, ser libre y gozar de los frutos de su propio trabajo [...].
>
> Creemos que si un Gobierno priva a un pueblo de estos derechos y lo oprime, el pueblo a su vez tiene derecho a cambiar ese Gobierno o a abolirlo [...].
>
> Creemos, pues, que la India debe romper sus lazos con Gran Bretaña y alcanzar la total independencia [...].

Días después, cuando Jawaharlal leyó su proclama ante la asamblea, en presencia también de su familia, y acto seguido se izó frente a los asistentes la bandera nacional, símbolo de todo un pueblo en lucha por su libertad, Indira supo, con toda la lucidez de sus doce años, que defendería hasta la muerte aquellos ideales.

∽∾

Para Indira, el inicio de 1930 no solo supuso un cambio de año o de década, sino que su vida al completo dio un vuelco: en enero comenzó una nueva etapa de intensa lucha política, lo que generó arduos enfrentamientos con Inglaterra e infinidad de gestos destinados a evidenciar la decisión del pueblo indio de llevar hasta sus máximas consecuencias la desobediencia civil pacífica planteada por Gandhi. Los Nehru, como no podía ser de otro modo, apoyaron dicha campaña hasta sus últimas consecuencias, y Motilal sintió que había llegado el momento de realizar una acción de gran valor simbólico que para su nieta supondría una profunda sacudida personal: donar el hogar familiar al Partido del Congreso.

Anand Bhavan, la magnífica villa de cuarenta y dos habitaciones, pista de tenis y piscina cubierta, pasó a ser Swaraj Bhavan («la morada de la independencia»), y la familia tuvo que trasladarse a una residencia más pequeña que rebautizaron con el nombre de la primera, si bien no podía equipararse a esta en lujo y comodidades.

Para Indira, aquel traslado supuso un duro golpe: no se trataba ya de abandonar las comodidades o a los sirvientes, sino de renunciar a su casa, el lugar donde había nacido y crecido. Desprenderse de ella implicaba despedirse de sus jardines, de los árboles a los que había trepado durante su niñez y que habían sido su refugio, y legarlos a la causa por la independencia significó al mismo tiempo un orgullo y un gran sacrificio.

Indira sentía que no podía permanecer al margen de aquel clima familiar de intenso compromiso, y pronto comenzó a promover sus propias iniciativas: quiso afiliarse al Partido del Congreso, pero rechazaron su solicitud por ser demasiado joven. Dado que los adultos le vetaban la entrada en su organización, decidió, resuelta, crear la suya propia. Inspirándose en la epopeya en verso *Ramayana*, uno de los textos sagrados más importantes de la literatura india, en la que un ejército de monos socorre al dios hindú Rama y le ayuda a tender un puente gigantesco entre la India y Lanka para liberar a su esposa Sita, Indira bautizó como Vanar Sena, o Brigada de los Monos, a su milicia, y reclutó como miembros a todos aquellos niños dispuestos a realizar tareas de intendencia, como llevar y traer mensajes y recados, organizar y enviar la correspondencia, hacer pequeñas compras, coser banderas... Se trataba de labores silenciosas, anónimas, en apariencia insignificantes, pero tan necesarias para el buen funcionamiento de la causa como lo eran para el de los hogares, e incluso del país, las que llevaban a cabo día a día las mujeres. Indira, quién sabe si inspirada por su propia madre, el sostén de su familia y de la organización política cuya cara visible era Jawaharlal, supo entender que aquellas pequeñas labores, tanto las femeninas como las infantiles, eran en realidad el auténtico motor que hacía que una estructura, o una lucha encaminada a la rebelión, siguiera en movimiento y funcionara.

Por otra parte, las cargas policiales contra los rebeldes —cada vez más frecuentes, casi diarias, a medida que se engrosaban las filas de los independentistas indios— dejaban un número importante de heridos, por lo que se decidió instalar una especie de hospital de campaña en la antigua casa de Swaraj Bhavan, en el que incluso la pequeña Indira colaboró como enfermera. Pronto los miembros más mayores de la Brigada de los Monos la imitaron, y muchos comenzaron a ayudar preparando comidas y atendiendo a los convalecientes.

Se estima que la Brigada de los Monos llegó a contar, en diferentes niveles de implicación, con nada menos que sesenta mil miembros, de edades comprendidas entre los cinco y los dieciocho años. Un poderío que se evidenció en marzo de 1930, cuando, bajo la batuta de Indira, una niña de solo doce años, quince mil «monos» salieron a desfilar por las calles mientras muchos otros integrantes, en torno a cincuenta mil, los aclamaban.

No era para menos, pues sus tareas iban mucho más allá de lo meramente organizativo, cobrando una trascendencia esencial para la resistencia y, sobre todo, resultando sorprendentemente eficaces frente a las autoridades inglesas. Porque ¿quién iba a sospechar de todos aquellos niños inofensivos que jugaban por la calle, se colaban por todas partes y llegaban a cualquier rincón?

Lo cierto es que ellos, en su insignificancia, podían entrar y salir a su antojo casi de cualquier lugar; no llamaban la atención y, por supuesto, no parecían entrañar ningún peligro.

Los ingleses no lo comprendieron de inmediato, pero Indira estaba dotada de una virtud que muchos años después le sería enormemente útil y que revelaba que, pese a su juventud, su madera de gobernante era incuestionable: sabía ver el alma de una sociedad, entender cómo funcionaba y cuáles eran sus deseos. Ella conocía la idiosincrasia india a la perfección; los ingleses, no. Por eso, desde dentro, dotada de un arrojo impensable en alguien tan joven, fue capaz de organizar a sus «monitos» para que pasaran mensajes, llevaran y trajesen información y se convirtieran, bajo sus inusuales dotes de mando, en «agentes secretos» que merodeaban a las puertas de las comisarías de policía enterándose de todos los movimientos del enemigo, dando la voz de alarma ante la inminencia de un registro, extendiendo los llamamientos a la huelga entre asociaciones de estudiantes y encargándose de poner en contacto a los muchos brazos de la organización. Para Indira, estas tareas se volvieron absorbentes hasta el punto de que sus ausencias en la escuela se hicieron cada vez más prolongadas. Cuando las monjas de su colegio elevaron sus protestas a la familia, la joven tomó la decisión de no volver más e, inesperadamente, su padre la secundó: el nivel de la institución no era muy alto, por lo que resolvió que diversos instructores y eruditos, conocidos como *pandits*, se encargaran de educar a su hija en todo lo que tuviera que ver con conocimientos teóricos; los prácticos ya corrían a cuenta de la realidad en la que estaba inmersa. Una realidad que era cada vez más exigente en lo que a la lucha y compromiso con la resistencia respectaba, y a la que no eran ajenas las mujeres de la familia. Estas habían respondido con pasión a la convocatoria realizada por Mahatma Gandhi el 30 de marzo de 1930 en un artículo publicado en *New Life*, en el que realizaba un llamamiento expreso a las mujeres para que tomaran parte activa en la lucha independentista contra la ocupación inglesa, así como en los diversos boicots organizados contra los productos británicos.

Todas ellas, sin importar su edad, casta o procedencia, se volcaron en la causa de manera entusiasta, ya no solo por su afán independentista o su deseo de sacudirse de encima el dominio extranjero, sino también por la tan ansiada oportunidad de «hacer algo» por su país que aquello suponía.

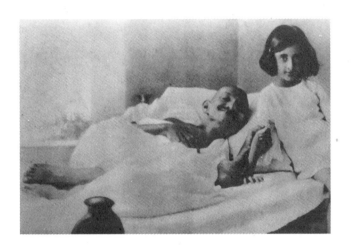

*Los líderes del movimiento independentista y sus
políticas de no violencia influyeron fuertemente en
la joven Indira. En la imagen, durante la visita a
Mahatma Gandhi en la prisión de Yervada, donde
este inició un ayuno como método de protesta en 1924.*

El papel de las mujeres traspasaba, al fin, la frontera invisible que hasta entonces les había sido impuesta, y se les permitía trascender de la esfera privada a la pública. Ninguna estaba dispuesta a renunciar a dar ese paso, e Indira fue testigo de excepción de aquel cambio social que asumió como propio. En la mencionada entrevista con Oriana Fallaci, explicaba de modo muy gráfico cuál había sido la realidad a la que las mujeres de la generación de Kamala y de las anteriores se habían visto sometidas al llegar a la pubertad. De paso, Indira reivindicaba el papel de su madre como un referente para ella, tanto en la consolidación de su forma de ver el mundo como en la formación de su pensamiento. Todos los artículos y biografías publicados hasta entonces habían otorgado de manera casi unánime un papel preponderante a los varones de su familia como referentes políticos y filosóficos, ya fueran su padre y su abuelo, o sus maestros Gandhi y Tagore. Era posible que, de cara a la historia, fueran ellos quienes acabaran trascendiendo para siempre como sus mentores y artífices de su carácter. Sin embargo, ella se sentía en la obligación de dar voz a todas aquellas mujeres, madres, educadoras y formadoras que, pese a las limitaciones a las que se habían visto sometidas, habían sabido transmitir a las niñas indias, en susurros, la necesidad de, llegado el momento, alzar la voz, luchar y reclamar un lugar en la calle, fuera de los hogares, en escuelas, púlpitos e instituciones, al que no debían renunciar nunca:

Nunca lo he sido [feminista]. No he tenido necesidad de ello; siempre he podido hacer lo que he querido. Pero mi madre lo era. Juzgaba el hecho de ser mujer como una gran desventaja. Tenía sus razones. En su época, las mujeres vivían recluidas y en la mayoría de estados de la India ni siquiera podían ir por la calle: las musulmanas tenían que salir cubiertas con el *purdah*, esa pesada sábana que cubre hasta los ojos; las hindúes tenían que salir en el *doli*, esa especie de silla de manos cerrada como un catafalco. Mi madre me contaba siempre estas cosas con amargura, con rabia. Era la mayor de dos hermanos y una hermana y había crecido con los varones que tenían más o menos su edad. Hasta los diez años vivió casi como un potro salvaje y luego, de repente, todo eso se acabó. La habían relegado a su «destino de mujer», diciéndole: «Esto no se hace, esto no está bien, esto no es digno de una señora». En un determinado momento la familia se trasladó a Jaipur, donde nadie podía escapar al *doli* y al *purdah*. La tenían encerrada en casa de la mañana a la noche sin hacer nada o cocinando. Ella detestaba estar sin hacer nada, detestaba cocinar. Y acabó languideciendo y enfermando. Lejos de preocuparse por su salud, el abuelo decía: «¿Y ahora quién se casará con ella?». Entonces su abuela esperaba a que el abuelo saliese, vestía a mi madre de chico y la dejaba correr con sus hermanos. El abuelo no lo supo nunca y mi madre me contaba esta historia sin una sonrisa. El recuerdo de tales injusticias no la abandonó nunca. Hasta el día en que murió mi madre estuvo peleando por los derechos de las mujeres. Formó parte de todos los movimientos femeninos de la época y provocó innumerables revueltas. Era una gran mujer, un gran personaje.

En estas circunstancias, no es de extrañar que las mujeres indias aprovecharan con entusiasmo el llamamiento de Mahatma para tomar parte activa en la vida pública, salir a las calles, hacerse ver y oír, y no solo ante las autoridades inglesas, sino ante sus propios hijos, hermanos o esposos: al participar en la revolución india estaban construyendo también su propia revolución y conquistando un espacio propio, tanto público como social. A través de los piquetes, al salir de sus hogares, al hacer frente a la policía —y, como consecuencia de ello, ser encarceladas—, al dar discursos en público y alzar la voz ante sus congéneres por primera vez en la historia de su país, las mujeres se ganaron el derecho a ser respetadas y tomadas en cuenta como ciudadanas en plena igualdad frente a los varones.

Aquel no fue un camino fácil, pero en Anand Bhavan todas las mujeres de la familia, sin excepción, se enfrentaron a ello con valentía. Ataviadas con los tradicionales saris o con vestimentas típicamente indias, las Nehru en pleno demostraron que la lucha por la libertad de la India no era una prerrogativa exclusivamente masculina: Indira hacía labor de zapa con su Brigada de los Monos; sus tías Krishna y Vijayalakshmi participaban en innumerables acciones colectivas, en las que incluso se implicó la ya anciana abuela Swarup Rani y, por supuesto, también su madre, Kamala, que tomaba parte en las protestas de una manera significativa: al ser la esposa del líder del Partido del Congreso, daba la cara por él en los actos públicos durante sus cada vez más frecuentes ausencias debido a los continuos arrestos, e incluso pronunciaba discursos en su nombre. Además, en el transcurso de una de aquellas acciones de protesta, conocería a alguien que, con el tiempo, pasaría a ser una pieza esencial en la vida de su hija.

Tal y como se ha documentado en numerosos textos, entrevistas y artículos, un día, en ese crucial mes de marzo de 1930, Kamala, Indira y otras mujeres se encontraban realizando un piquete de protesta frente al Ewing Christian College, una academia inglesa, cuando el fuerte sol del mediodía hizo que Kamala se desmayase. El primero en acudir a socorrerla fue, inesperadamente, uno de los estudiantes de la institución que, como varios de sus compañeros, observaba en la distancia a las mujeres que se manifestaban. Se trataba de un muchacho de dieciocho años de origen parsi —una comunidad minoritaria en la India, de ascendencia persa y con una religión propia, el zoroastrismo— llamado Feroze Gandhi. Feroze se encargó de buscar agua para Kamala, permaneció junto a ella e Indira hasta que la primera se repuso y, después, galante, se ofreció a acompañarlas a casa.

De inmediato, Kamala y Feroze congeniaron. Durante el camino ella no dejó de hablar de la necesidad de alzar la voz en defensa del pueblo indio y de tomar partido. Al día siguiente, el joven Feroze —que no tenía nada que ver con Mahatma Gandhi, pese a llevar su mismo apellido, muy común en la India— se presentó en Anand Bhavan: las palabras de Kamala lo habían seducido hasta tal punto que, convencido, había decidido dejar su *college*, el instituto privado donde se preparaba para ir a la universidad, y afiliarse al Partido del Congreso. Fue a partir de entonces cuando Kamala y él iniciaron una sólida amistad, basada, por una parte, en la admiración que él sentía por ella y, por otra, en la imperiosa necesidad de Kamala de encontrar apoyo, afecto y comprensión. Esa misma necesidad la llevaría a labrar una estrecha relación con mujeres y camaradas como Kasturba Gandhi, esposa de Mahatma, Prabhavati Devi, activista a quien conoció en el *ashram* de Kasturba, un centro de meditación hinduista que frecuentaban asimismo la esposa del activista y político Jayprakash Narayan y una de sus más estrechas confidentes, o Sarojini Naidu, poeta y activista proindependencia.

Estas mujeres, además de Indira y Feroze, formaban el círculo de confianza de Kamala, y probablemente por mediación de alguna de ellas, el 31 de diciembre, último día de un 1930 especialmente convulso para los Nehru, Kamala fue alertada de su inminente detención.

A las cinco de la madrugada del día de Año Nuevo de 1931, la policía se presentó a los pies de la escalinata que conducía a la puerta principal de Anand Bhavan y allí se topó con un enjambre de periodistas y fotógrafos. Kamala apareció en el umbral acompañada de Indira y, paradójicamente, en aquel instante, su apariencia resultó más imponente que nunca. Ambas eran conscientes de que aquel era un momento crucial no solo en su lucha personal o familiar, sino en la historia del país, y por ello tanto su actitud como sus palabras y actos estuvieron revestidos de una enorme carga simbólica. Hasta entonces, las mujeres indias habían participado en la lucha por la independencia de un modo anónimo, ya que los medios de comunicación solo reconocían las acciones llevadas a cabo por los hombres. Las mujeres también luchaban y morían en las cargas, pero, a diferencia de sus camaradas varones, nunca acaparaban portadas.

Con su sacrificio, Kamala estaba dando voz a una realidad no reconocida: la de aquellas mujeres que, sin reparar en el coste personal o familiar, sostenían en silencio una lucha que era común a todos. Ahora, con Jawaharlal de nuevo encarcelado y con el anciano Motilal gravemente enfermo debido a su edad y a las pésimas condiciones de la prisión, aquella detención se hacía eco de su importancia en un movimiento por el que habían arriesgado tanto o más que los varones.

Cuando el comandante de la policía británica informó a Kamala de que iba a proceder a su detención y a llevarla a prisión, ella, consciente de la trascendencia del momento, respondió: «Me siento enormemente feliz y orgullosa de seguir los pasos de mi marido».

Y era cierto: estaba dichosa, pero no solo porque aquella detención, de gran repercusión pública y mediática, confirmaba su implicación en la lucha por la independencia, sino también porque venía a reivindicarla como miembro de pleno derecho de la familia Nehru. Con su encarcelamiento, Kamala contribuía así a la defensa de aquellos ideales, y así lo reconocería días después su esposo, que desde la prisión le envió una carta en la que la felicitaba por la detención y le manifestaba su orgullo y respeto.

Pero la causa nacional era voraz y no parecía dispuesta a saciarse: a esas alturas ya había supuesto grandes sacrificios para todos ellos, incluso para la más joven del clan. Indira vio con lágrimas en los ojos cómo la policía se llevaba detenida a su madre en medio del resplandor de los *flashes* y tuvo que pasar por el amargo trago de comprobar, nada más cerrar la puerta a sus espaldas, que se había quedado completamente sola.

En efecto, su padre, su madre y su abuelo estaban en la cárcel, y buena parte de los demás miembros de la familia se hallaban en aquellos momentos en Calcuta. Rápidamente se organizaron para regresar, pero lo cierto es que, a sus trece años recién cumplidos, Indira debió permanecer varios días sola en la residencia, vagando de habitación en habitación con la única compañía del personal de servicio. Mientras tanto, sus tías y su abuela planeaban el viaje de vuelta a Anand Bhavan, pensaban cómo conseguir la liberación de Motilal, cada vez más enfermo, y trataban de lograr que las autoridades británicas concedieran permiso a Jawaharlal y a Kamala para regresar temporalmente a su hogar y velar la agonía del patriarca.

Jawaharlal luchó para que accedieran a trasladar a su padre a la ciudad de Lucknow, donde había mejores instalaciones médicas, pero nada se pudo hacer por él. En la cárcel, Motilal no había recibido la atención sanitaria que precisaba, y a principios de febrero todos sabían que su muerte era inminente. Mahatma Gandhi, a quien habían enviado un telegrama para comunicarle la gravedad de la situación, viajó apresuradamente desde Bombay para despedirse en persona de su viejo amigo.

El encuentro de los dos ancianos fue enormemente trascendental y emotivo. Indira estaba presente cuando su abuelo, al ver a Mahatma, logró articular unas breves y entrecortadas palabras en las que le confiaba su impotencia por no poder seguir luchando por la India.

Pocos días después, el 6 de febrero, Motilal falleció. Durante el multitudinario funeral a orillas del Ganges, mientras su cuerpo ardía envuelto en la bandera del Partido del Congreso, Indira, desolada, comprendió que, ahora sí, ella debía ser la encargada de mantener vivas aquellas llamas que consumían a su abuelo y simbolizaban la lucha de toda su familia. El destino de la India estaba necesariamente unido al de su sangre. Muerto Motilal, convertido Jawaharlal en el cabeza de los Nehru, ella era la única heredera de aquella misión, que sospechaba demasiado pesada para sus frágiles hombros.

2

LA FORJA DE UNA LÍDER

Nada de lo que realmente
merece la pena es fácil.

INDIRA GANDHI

Durante su adolescencia y primera juventud, Indira tuvo que enfrentarse a grandes responsabilidades que acabarían de curtir su carácter. En la imagen de la página anterior, Indira sonríe escuchando las palabras de su maestro, Mahatma Gandhi.

Desde pequeña, Indira había entendido que su casa no era como las demás. A sus trece años ya había hecho muchos sacrificios por la India. Sin embargo, sentía que no estaba a la altura y, sobre todo, que el apellido Nehru pesaba, más que como una bendición, como una condena. No tardó en comprenderlo tras la muerte de su abuelo: toda su vida sería una lucha por su país, pero mucho más adentro, en el fondo de sus anhelos, toda su vida sería una lucha contra la soledad. Aun así, Indira se sabía llamada para esa hazaña.

Durante su infancia, Indira había adquirido una profunda complicidad con su abuelo Motilal: siempre había podido contar con él en un hogar en el que, cada vez con mayor frecuencia, su padre pasaba más tiempo ausente a medida que su lucha se intensificaba. Además, la salud de su madre empeoraba gravemente tras su estancia en la cárcel. Una situación que sus tías aprovechaban para manifestar su abierta animadversión hacia Kamala, a quien en otras condiciones no podían enfrentarse, y, por ser su hija, hacia Indira. En ese clima enrarecido, Indira, con Jawaharlal liberado apenas un mes antes de la muerte de su abuelo y ahora de nuevo completamente absorbido por su preponderante papel político, debió ocuparse más de Kamala que de dirigir la Brigada de los Monos.

Tras los funerales por Motilal, Jawaharlal decidió que sería bueno para todos pasar dos semanas en la isla de Ceilán, la actual Sri Lanka. Buscaba centrarse en su familia, como si hubiera comprendido hasta qué punto había abandonado a su suerte a su mujer y a su hija. Sin embargo, pronto su amor más querido volvió a reclamarlo: su país lo necesitaba. Indira comprobó cómo su padre, anteponiendo como siempre sus obligaciones patrióticas a su familia, retomó sus responsabilidades mientras Kamala y ella regresaban a Anand Bhavan, un lugar radicalmente diferente sin Motilal. Como describiría Indira a su biógrafa, Pupul Jayakar: «Con su muerte, la casa había quedado en silencio».

Tal y como esperaban, no fueron bien recibidas. Quien más hostil se mostró fue Vijayalakshmi, la hermana menor de Jawaharlal, y su favorita. «Niña fea, niña estúpida», oyó Indira decir a su tía en una ocasión. Resultaba duro tener trece años y lidiar con la adolescencia que comenzaba a mostrarse con toda su carga de inseguridad y confusión, pero Indira no se dejaba amedrentar. No se retiraba hundida o derrotada. Simplemente callaba porque sabía que en aquella tesitura se encontraba en una situación de inferioridad frente a su tía. Tal y como reconocería casi cincuenta años después:

> Ella [Vijayalakshmi] hizo todo lo posible por destrozar mi confianza [...]. Me mostraba su hostilidad y yo, pese a lo bien preparada que estaba, sentía mi lengua atada y me retiraba.

El silencio fue su blindaje, su defensa y su respuesta. Sin embargo, en su interior, se había propuesto esperar el momento adecuado para alzar la voz. Su tía, según Indira, «arruinó mi juventud» y nunca se lo perdonó. La hizo sentir, por primera vez en su vida, sin apoyos: sin el abuelo Motilal, sin su padre, y con una madre enferma, a quien no quería abrumar con sus tonterías, tomó conciencia de su soledad en Anand Bhavan. Precisamente con la idea de que se relacionase con chicas de su edad, pero sobre todo con el objetivo de incentivar el desarrollo intelectual y social de la heredera de la saga Nehru, Jawaharlal y Gandhi consideraron que Indira no debía seguir formándose por su cuenta y optaron por procurarle una educación de calidad y continuada en una escuela. De este modo, preparó su examen de ingreso para la universidad en una escuela experimental y novedosa de Pune, una ciudad cercana a Bombay con una boyante industria y un marcado carácter cultural y activista. A mediados del siglo XIX, los ingleses establecieron allí un importante acantonamiento militar que llevó a implantar en la ciudad avances impensables en muchas otras zonas del país, como el telégrafo, buenas carreteras o el ferrocarril. Se crearon empresas de munición, una sólida red industrial y, asimismo, con el fin de poder educar a los hijos de los militares, se establecieron importantes centros escolares y universitarios e, incluso, al albur de estos, una floreciente industria editorial. Esta efervescencia cultural fue calando con los años en la sociedad de la zona. Los hijos de las familias indias más prósperas tuvieron acceso a una inmejorable educación, lo que a su vez contribuyó a formar destacados pensadores y líderes políticos locales de marcado carácter independentista y nacionalista. Entre 1875 y 1910, líderes políticos como *mahatma* Jyotirao Phule, Gopal Krishna Gokhale, Bal Gangadhar Tilak o la feminista Tarabai Shinde habían llevado a cabo en Pune importantes reformas sociales que calaron profundamente en sus habitantes. Entre otras medidas, exigieron la abolición del sistema de castas; reclamaron la igualdad de derechos para las mujeres; abogaron por la armonía entre las comunidades hindúes y musulmanas; garantizaron el acceso a mejores escuelas para la población sin recursos, y defendieron la independencia completa de Gran Bretaña. Pune se erigía, pues, como el lugar ideal para formar a una Indira adolescente. Sin embargo, y a pesar de las expectativas, no le resultó fácil adaptarse: estaba demasiado acostumbrada a la soledad y a una autonomía poco común en las muchachas de su edad. Además, echaba mucho de menos el contacto con su madre.

Cuando el 4 de enero de 1932 arrestaron a Gandhi y lo encarcelaron en la prisión de Yerawada, muy cerca de Pune, la situación cambió por completo para Indira. De pronto, la ciudad se convirtió en un lugar de peregrinaje: todos deseaban visitar al *mahatma*, y también su abuela, sus tías y Kamala, que, con Jawaharlal en prisión desde diciembre de 1931, aprovechó esos viajes para ver con frecuencia a su hija y comprobar que de nuevo volvía a aflorar su espíritu revolucionario. Porque, en una situación como aquella, las Nehru necesitaban tomar las riendas y continuar con la lucha.

Parecía que Indira solo recuperase su esencia a través de la política. Enseguida se convirtió en la cabecilla de un movimiento de apoyo a Gandhi, que el 20 de septiembre de 1932 había comenzado una huelga de hambre desde la prisión como revulsivo y método de denuncia frente al separatismo que promovía en el país la ley electoral británica, que generaba una grave situación de desigualdad respecto a los miembros de las castas inferiores. Los intocables (*dalits*) eran el grupo social más empobrecido, considerado el escalón más bajo en el sistema de castas hindú, condenados a realizar los trabajos más marginales y sin acceso a la educación o la sanidad. El ayuno se prolongó hasta el 26 de septiembre, y Mahatma solo lo rompió cuando las autoridades inglesas, atemorizadas ante la posibilidad de que llegara a fallecer por inanición, transigieron y retiraron de dicha ley las cláusulas limitadoras de los derechos y las libertades de los intocables. Con motivo de esta victoria, Gandhi pronunció la que sería posiblemente una de sus frases más conocidas respecto a su labor como promotor de la resistencia pacífica: «Yo me considero un soldado: un soldado de la paz». Esta proclama tuvo lugar en el transcurso del acto simbólico, celebrado ante una audiencia de doscientas personas entre las que se encontraban Kamala, Swarup Rani y la propia Indira, que se apresuró a preparar y servir el zumo de naranja que supuso el primer alimento que su querido Bapu ingirió. Aquella huelga de hambre causó en Indira una gran impresión, tal y como escribió a su padre encarcelado en una de sus cartas:

> Me ha enseñado una lección [...] estos últimos días han sido terribles [...] al ver su estado creí que no sobreviviría. Y desde las ocho hasta las doce viví algunas de las peores horas que he pasado en mi vida, pero ahora estoy perfectamente segura de que Bapu puede llevar a cabo las más imaginarias [inimaginables o extraordinarias] cosas.

Motivada por la determinación y el compromiso de Gandhi, y dispuesta a seguir su ejemplo, Indira organizó junto con sus compañeras durante todo 1932 diversas acciones de protesta. Entre las que destacó la adopción simbólica de dos niñas de la casta de los intocables que eran familiares de miembros del servicio de su escuela en Pune.

～～

Durante aquel curso Indira pudo, al fin, arraigar en un lugar, pero los problemas familiares seguían muy presentes en su vida. En los períodos de sus vacaciones escolares, los silencios, los reproches y la tensión eran palpables entre sus padres. Era como si no se reconocieran y antepusieran excusas, deberes y obligaciones para no coincidir más que cuando ella estaba presente. Pero algo más había cambiado. Jawaharlal, liberado de su sexta estancia en prisión en agosto de 1933, continuaba volcado en la política. Kamala, si bien hasta ese momento nunca había sido especialmente religiosa, había comenzado a entregarse en cuerpo y alma al hinduismo. Durante 1932, y con más intensidad en 1933, además de sus visitas frecuentes al centro de meditación de Kasturba Gandhi, se había vuelto asidua, en la medida en la que su enfermedad se lo permitía, a la Misión Ramakrishna. Fue una nueva lucha, se trataba de una organización benéfica estrechamente vinculada al hinduismo que fomentaba la prestación de servicios de voluntariado en hospitales, orfanatos y escuelas bajo el lema: «Para la propia liberación y para el bien de la humanidad».

Al mismo tiempo, su amistad con el joven Feroze Gandhi era cada vez más estrecha, hasta el punto de que se convirtió en su más asiduo acompañante. Era él quien la atendía en sus ingresos hospitalarios mientras Jawaharlal, demasiado ocupado siempre, seguía volcado en sus compromisos políticos, e Indira en sus estudios, que solo abandonaba para acudir junto a su madre en momentos de especial gravedad.

೫

En los últimos meses, a la tuberculosis de Kamala se habían sumado problemas cardíacos que la obligaron a guardar reposo absoluto, y en este tiempo había comenzado a acariciar la idea de que el fiel Feroze podría ser el marido ideal para Indira. Por eso no se ofendió cuando, en octubre de 1933, supo que el propio chico se había atrevido a hacerle una proposición formal de matrimonio que Indira rechazó sorprendida, alegando que era aún demasiado joven para casarse. Pero además, tal y como revelaría a Oriana Fallaci, Indira sentía auténticas reservas hacia el concepto del matrimonio:

[¿Es cierto que no quería casarse?] Sí. Hasta los dieciocho años, sí. Pero no porque me sintiera una sufragista, sino porque quería dedicar todas mis energías a la lucha por la libertad de la India. El matrimonio, pensaba, me habría distraído de los deberes que me había impuesto. Pero poco a poco cambié de opinión y, hacia los dieciocho años, empecé a considerar la eventualidad de casarme. No para tener un marido, sino para tener hijos. Siempre he querido tener hijos; si por mí fuera, habría tenido once.

Sea como fuere, en aquel momento Feroze pareció encajar bien su negativa y continuó tan entregado como siempre a Kamala, que nunca dejaría de ensalzar sus bondades frente a Indira, minimizando el principal obstáculo para el enlace: que él perteneciera a la religión parsi.

Los parsis eran llamados así porque provenían de Persia, de donde huyeron en el siglo VII, cuando los musulmanes invadieron el país y comenzaron a perseguirlos por sus creencias religiosas: el zoroastrismo, una filosofía promovida por el sabio Zaratustra. Al llegar a la India, este grupo de personas se habían asentado en el oeste del país, especialmente en la ciudad de Bombay, formando una comunidad minoritaria y muy cerrada. Igual que en el estricto sistema de castas indio, por lo general únicamente se casaban entre sí. En lo económico, al dedicarse como actividad principal al comercio, siempre habían logrado vivir en prosperidad. Debido a su carácter liberal, cuando la India fue colonizada, fueron los primeros en entablar relaciones comerciales con los británicos y en adoptar muchas costumbres occidentales, lo que sin duda pesaba en la consideración que los independentistas mantenían respecto a ellos.

Así las cosas, en la India el matrimonio entre un miembro de la casta hindú de los brahmanes y un parsi resultaba todo un escándalo en la época. Pero aquella hipotética unión tan deseada por Kamala parecía aún muy lejana dados los propios deseos de Indira, que en aquel momento, como ante casi todas las decisiones trascendentales de su vida, sabía muy bien lo que quería pese a sus silencios y su discreción. Era posible que Indira fuese joven, que los embates del destino de sus padres alteraran su rumbo e incluso su realidad, pero no por eso dejaba de tener claras sus prioridades. Y la principal era, como buena Nehru, su país y la lucha por la libertad.

≈

En 1934 Indira ingresó en la Universidad Visva-Bharati en Shantiniketan, en el oeste bengalí. Por aquella época el director era el poeta, pintor y filósofo Rabindranath Tagore y su principal objetivo era estudiar la cultura, la historia y las tradiciones indias. Esta particularidad atrajo especialmente a los Nehru. Tagore era un firme defensor de la educación femenina: sus clases eran mixtas y ofrecían los mismos contenidos tanto a chicos como a chicas, algo inusual en un país y un tiempo en los que todavía se creía mayoritariamente que las tareas de las mujeres debían quedar relegadas al ámbito del hogar. A su llegada a Shantiniketan, Indira quedó gratamente sorprendida. Era como si aquel centro estuviera hecho a su medida. Tagore, que había sido galardonado con el Premio Nobel de Literatura veintiún años atrás, en 1913, ya era por aquel entonces considerado «el mayor poeta indio de todos los tiempos» y un pensador y escritor respetado a nivel internacional. Creía profundamente en los métodos socráticos de enseñanza y sostenía que el alumno debía mantenerse en contacto con la naturaleza. También consideraba que el aprendizaje no podía basarse únicamente en la memorización y la recopilación de datos. Además de los aspectos puramente intelectuales, en su campus se cultivaban, a través de la meditación, expresiones de la personalidad como la creatividad y la espiritualidad.

Indira fue feliz en Shantiniketan y sintió una comunión tan auténtica con Tagore que, inspirada por él y sus enseñanzas, decidió adoptar un segundo nombre que hacía alusión al modo en el que él la llamaba: Priyadarshini («agradable de ver»). Desde ese momento, este apelativo figuraría siempre en todos sus títulos y en los documentos que firmaba.

Visva-Bharati era, ciertamente, un oasis asentado entre colinas pobladas de palmerales y mangos en el que se fomentaba el respeto en un entorno natural casi salvaje. Indira disfrutaba de las clases en el exterior, caminando descalza sobre la hierba y con los chillidos de los monos en los árboles como telón de fondo. Además, en el centro se hacía gala de un modo de vida austero por el que cada estudiante debía responsabilizarse de su comida y de la limpieza de su habitación, lo que coincidía con una de sus más recientes decisiones: vivir del modo más sencillo posible, rechazar el lujo y abrazar la humildad. Tras descubrir que, debido a la implicación de toda la familia en la lucha por la independencia, ninguno ejercía una profesión y todos se mantenían a costa de las ganancias que en su día había obtenido Motilal, de pronto comprendió el porqué del ascetismo de Kamala, que siempre había denostado toda muestra de ostentación, y decidió seguir su ejemplo.

En los estudios, se volcó en el aprendizaje y perfeccionamiento del hindi, así como del bengalí, del francés y del alemán. Siempre había poseído facilidad para los idiomas, pero además, ahora también se mostraba muy interesada en la danza tradicional hindú, una afición recién descubierta y que nunca abandonaría.

En Shantiniketan hizo, también, nuevas amistades. De todas ellas, la que resultó más especial fue la que trabó con Frank Oberdorf, un alemán que, pese a su juventud, era un viejo amigo de Tagore, a quien conoció en 1922 en Sudamérica. En 1933 el joven europeo era el profesor de francés de la universidad del poeta. Cuando se conocieron, Indira tenía dieciséis años y Frank, treinta y cuatro, y desde el primer momento, él quedó cautivado por su magnetismo. Respetuoso pero sincero, le manifestó en repetidas ocasiones su admiración con el sorprendente resultado de que ella, al principio, no solo no lo creyó, sino que se sintió ofendida por sus palabras, que interpretó como una burla: habían sido demasiados años de insultos por parte de su tía como para aceptar aquel interés sin dudar de él. Frank persistió en sus halagos, y, pese a que Indira rechazó cualquier avance amoroso escudándose de nuevo en su juventud, terminaron por convertirse en íntimos amigos.

Para Indira aquella era la primera relación libre de prejuicios: Frank no la consideraba una especie de princesa heredera de la saga Nehru y, a diferencia de Feroze, parecía más interesado en ella misma, en sus preocupaciones o sentimientos, que en lo que su apellido representaba. Esta inusitada libertad, el sentirse en medio de la naturaleza, escondida del mundo, hizo que Indira se sincerara de un modo especial con él. Con Frank podía ser honesta, hablar de su preocupación por su madre, del desencanto hacia su padre o de su miedo al futuro.

Algunos biógrafos aseguran que Frank llegó a proponerle matrimonio o que hubo una relación más íntima en algún momento. No existen cartas que lo mencionen, pero sí es evidente que él sentía un interés amoroso que Indira, con la determinación que lo caracterizaba, aplacó. Tenía demasiadas preocupaciones: sufría por Kamala y por su padre, siempre encarcelado. Tras ingresar a esta en un centro de reposo en Bhowali ante el agravamiento de su enfermedad, Jawaharlal había logrado que lo trasladaran a una cárcel cercana donde contaba con un permiso especial para ir a visitarla cada tres semanas. En una de estas visitas, ella le confesó que ansiaba ofrecer su vida a los dioses. Aquel fue un duro golpe para el padre de Indira. Se sintió tremendamente culpable al pensar que la había dejado demasiado sola durante demasiado tiempo.

Desolado, no pudo evitar preguntarse entonces hasta qué punto sus continuas ausencias habían podido afectar también a su hija. Por este motivo decidió escribirle con más frecuencia cartas desde la prisión, en un intento por retomar aquella relación epistolar, inspiradora y sincera, que tanto los había llenado durante la infancia de Indira. Pero el tiempo había pasado y ellos ya no eran los mismos. Su hija lo culpaba del estado de Kamala, y también le reprochaba el abandono al que las había sometido.

El 13 de abril de 1935, Indira recibió un telegrama donde su padre le pedía desde la cárcel de Almora que lo dejara todo para acompañar a Kamala en un viaje urgente a Europa, en un último intento por buscar a un doctor especializado. Supo así que la vida de su madre estaba llegando a su fin.

∽∾

Indira y su madre viajaron juntas a Viena, y después a Berlín, donde la joven pudo constatar con horror la pujanza de un nuevo movimiento político. El nazismo la aterrorizó hasta el punto de, siguiendo los consejos por carta de su padre, cortarse el pelo a la moda y cambiar sus ropajes tradicionales indios por vestidos de corte occidental menos llamativos. Días después, Kamala fue trasladada a un balneario en la Selva Negra, en tanto que Indira se instalaba en una pensión desde donde acudía dos veces al día a visitarla.

Aquel lugar era muy diferente a la bulliciosa, cálida y colorida India. Hacía frío y el paisaje era amenazante, opresivo: las montañas parecían cernirse sobre ella, y los días, a punto de comenzar el otoño, eran siempre oscuros, con tormentas frecuentes. El sonido de los truenos le llegaba amplificado debido a las montañas, como si el cielo fuera a abrirse de un momento a otro sobre su cabeza. La imagen lúgubre de los cielos grises rompiéndose y la perenne lluvia en la ventana de su pensión provocaron en Indira una intensa fobia a las tempestades:

> Estaba sola en la Selva Negra, mi madre se estaba muriendo y yo no podía soportar oír el sonido del viento, especialmente cuando sonaba de noche. Nunca he sido capaz de liberarme de ese terror.

Al fin, en septiembre de 1935, tras casi un año y medio en prisión entre diversas instituciones, la sentencia de Jawaharlal fue suspendida para permitirle acudir al lado de su esposa enferma. En su reencuentro, Indira no pudo evitar romperse y dar rienda suelta a toda su angustia. Aquella muchacha a quien algunos miembros de la familia tenían por apocada llevaba cinco meses lejos de su país, en un entorno hostil y haciéndose cargo, a sus dieciocho años, de una madre que se apagaba ante sus ojos.

Para Jawaharlal fue evidente que estaba al límite de sus fuerzas y, con la voluntad de alejarla de aquel ambiente deprimente, decidió enviarla a la ciudad suiza de Bex, en la que ya había estudiado durante su primera estancia en Europa. Indira, en cambio, lo tomó como un castigo. Pero, como venía sucediendo entre ellos, su falta de comunicación hizo que, al igual que los reproches acallados, no se atreviera a exponerle sus sentimientos. Pese a todo, los silencios seguían siendo una realidad entre ellos, y Jawaharlal era cada vez más consciente. Para remediarlo, ese otoño de 1935 le pidió que lo acompañara en un viaje a Inglaterra que debía realizar con el fin de intensificar sus contactos políticos. Además, también pretendía hallar un editor decidido a publicar la autobiografía que acababa de finalizar, escrita durante su confinamiento de trescientos once días en la prisión de Almora. Llegaron a Londres en noviembre y allí conocieron a un destacado periodista indio con ideales políticos similares a los suyos llamado Krishna Menon.

Por aquel entonces Menon tenía cuarenta y nueve años y, tras haber destacado por su brillantez en los estudios de Economía, Psicología y Derecho en la Escuela de Economía y en el University College de Londres, se había formado como editor en la firma independiente The Bodley Head. Allí se había ocupado de la serie Twentieth Century Library, «una nueva serie de libros sobre los problemas de hoy en día a la luz de las ideas y los acontecimientos cambiantes de los tiempos modernos», según la cubierta del sello.

Indira pudo formarse en las mejores escuelas de la India, así como en prestigiosas instituciones europeas. De todos sus mentores, el sabio Tagore (arriba, sentado en el centro junto a sus alumnas, con Indira a su derecha) fue uno de los que más le influyeron. Durante los períodos vacacionales, Indira acompañaba a su padre en sus viajes protocolarios por el mundo (abajo, ambos en Bombay hacia 1937).

Rápidamente se estableció una corriente de entendimiento entre Jawaharlal y Menon, quien se comprometió a editar y publicar el libro. Este vería la luz un año después con el título de *Una autobiografía*, aunque popularmente se conoció con el mucho más motivador título de *Toward Freedom* («Hacia la libertad»). Días después del encuentro, Jawaharlal e Indira viajaron a Oxford para entrevistarse con Vera Farnell, la responsable del Somerville College, la institución femenina afiliada a la Universidad de Oxford donde Indira ingresaría tras finalizar el curso académico en Suiza.

Todo cambió el 30 de enero de 1936, cuando Kamala, cada vez peor, fue trasladada desde la Selva Negra hasta otra clínica, esta vez en Lausana, la capital del cantón suizo. Indira se adelantó y partió hacia allí sin demora, sabía que el final estaba cerca y no quería dejar sola a su madre. El 7 de febrero, su padre regresó de Londres y, con pesar, le comunicó que el día 28 de ese mes tenía que regresar de manera inapelable a la India. Indira se sumió en la desesperación: ¿de verdad debería estar sola en el momento de la muerte de su madre? No tuvo que atormentarse con la idea: la mañana del 28 de febrero, justo el día en el que Jawaharlal debía partir, Kamala falleció a los treinta y seis años. El golpe fue muy duro para Indira, quien procuraría seguir sus pasos y su compromiso con los derechos de la mujer, y la tendría siempre como referente:

> Hasta el día de su muerte, mi madre estuvo luchando por los derechos de la mujer. Se involucró en todos los movimientos femeninos del momento. Encabezó muchas revueltas. Era

una gran mujer, una gran figura. Las mujeres de hoy la admirarían profundamente.

~~~

Tras su paso por la cárcel, los muchos sacrificios realizados en pos de la independencia y su lucha por los derechos del pueblo indio, la capacidad de Jawaharlal Nehru para liderar el principal partido político del país que clamaba por la independencia estaba fuera de toda duda. Jawaharlal, mucho más joven que Gandhi, era aclamado como la nueva esperanza política de cara a la liberación del yugo inglés. Una vez más, a Nehru lo reclamaban sus obligaciones, cumplir con su destino y su apellido: acababa de ser nombrado presidente del Partido del Congreso.

A Indira, por su parte, el año 1937 la recibió en Oxford. Después de pasar unos meses en Bristol a la espera de ser admitida en la universidad, llegó al Somerville College para estudiar Historia. Allí encontró un clima frío y húmedo, y un formalismo exagerado frente a la espontaneidad y alegría que ella recordaba de su ciudad natal: Allahabad. Le molestaba especialmente la apabullante minoría femenina en el ambiente universitario de la ciudad, y una mal disimulada curiosidad, pese a la legendaria flema británica, respecto a ella: por ser mujer, por ser india y por ser quien era. Tanto en Londres como en Oxford, Indira se sabía observada y analizada: por una parte, sus compañeros ingleses la veían como una destacada revolucionaria independentista frente al imperialismo británico y, por otra, todos aquellos compatriotas que ensalzaban a su padre buscaban en ella rastros de su carácter, de su heroicidad.

En las numerosas cartas que escribió a Frank Oberdorf ya desde sus primeros meses en Bristol se advierte no solo un retorno a la inseguridad y el retraimiento adolescentes, sino también una profunda e inmensa pena. Hacía muy poco tiempo que había fallecido su madre y a menudo parecía recrearse en la idea de morir joven:

> Me gustaría morir joven como mi madre [...]. Ella tenía treinta y cinco años [en realidad, Kamala tenía treinta y seis años] cuando murió, pero no hubo un día en que pareciera mayor de veintidós años, y cada día, descansando en su cama, parecía maravillosa. Hoy vive en muchos corazones (los de cuantos la conocieron y la amaron) como una preciosa imagen de juventud, pureza y coraje, una imagen que les ayudará y fortalecerá. ¿Ocurriría eso si se hubiera convertido en una anciana arrugada y sin embargo amable? Envejecer parece terrible.

Quizá los planes de Jawaharlal al intentar hacerla más fuerte e independiente partieran de la mejor de las intenciones, pero adolecían de una absoluta falta de sensibilidad y de un profundo desconocimiento de su realidad. Indira ya había demostrado con creces su fuerza para afrontar situaciones adversas, pero lo que él no parecía comprender era que para cualquier hija es un duro golpe la muerte de una madre joven. Sentía que, un año después del fallecimiento de Kamala, todos parecían ser capaces de proseguir con su vida excepto ella. Incluso su padre, aunque no había hallado el valor para decírselo, había encontrado un nuevo amor en la figura de Padmaja Naidu, una atractiva activista y política once años menor. Su romance era la comidilla del país y, por supuesto, había llegado a oídos de su hija.

Indira no solo se veía asolada por una profunda añoranza de su hogar, de su país y de sus gentes, sino que, al mismo tiempo, se sentía apartada de su misión. Por eso, siguiendo los dictados de su ideología, se había afiliado a las juventudes del Partido Laborista y a la Sociedad de Estudiantes Indios. Para ella, la libertad de la India como fin último era parte intrínseca de su naturaleza. No poder estar allí plantando cara a la policía británica y encontrarse, en cambio, en la propia Inglaterra, era como una suerte de traición. Una deslealtad necesaria, pues era consciente de que debía educarse, prepararse para cumplir con su compromiso político, pero no podía evitar sentirse desconectada del lugar.

Y en ese momento, como un rayo de luz inesperado, Feroze Gandhi cobró de nuevo importancia en su vida. El joven se hallaba en la ciudad estudiando en la Facultad de Economía de la Universidad de Londres y, tan dispuesto como siempre, se prestó a acompañarla a reuniones y fiestas, a animarla y presentarla no solo a gente interesante, sino también a activistas y luchadores indios, como ella, por la libertad. De su mano, Indira se introdujo en los ambientes más izquierdistas de Londres, contactó con un antiguo conocido, Krishna Menon, entonces secretario de la Liga de la India —una organización independentista radical situada muy a la izquierda en el espectro político—, y pudo descubrir su pasión por la música clásica, un placer al que los Nehru eran indiferentes. Feroze comenzó a prestarle discos, y ella lo acompañaba a todos los conciertos que podía. Él, tan activo, tan seguro de sí mismo, no solo se mostraba orgulloso de ella, para Indira lo más importante era que además de sus orígenes y sus ideas políticas, ambos tenían algo muy significativo en común: el recuerdo de Kamala, una mujer cuya pasión y determinación por contribuir al cambio político y social en su país había afectado a sus vidas para siempre.

Es probable que Feroze estuviera al tanto de que meses atrás, en octubre de 1936, ante una nueva proposición de Frank a Indira, ella le había respondido, en una misiva fechada el día 13: «Lo siento, no te amo». Lo cierto es que, con independencia de que supiera su camino libre de competencia o no, fue él quien, con su simpatía, su vitalidad y, también, con su innegable atractivo para las mujeres, otorgó un nuevo sentido a la estancia de Indira en Inglaterra. A pesar de que al principio Indira no mostraba su afecto en la misma medida en la que él la amaba a ella, poco a poco el cariño creció y, también por su parte, se intensificó. Casi sin darse cuenta, pudo constatar que Feroze se había ganado su corazón.

᠊᠊᠊᠊᠊

Durante el verano de 1937, padre e hija procuraron pasar tiempo juntos, recorriendo Birmania, la zona montañosa de la Federación Malaya y Calcuta. Sin embargo, su convivencia tras el retorno a Allahabad resultó compleja y difícil, como si fuera de su hogar y de su país supieran entenderse y, en cambio, en él los invadiera la tensión y la incomodidad de todo lo que debían decirse sin atreverse a hacerlo.

El 1 de septiembre Indira embarcó en el *SS Victoria* con destino a Inglaterra con una mezcla de alivio y dolor por dejar atrás a su padre. Al llegar a Europa desembarcó en Venecia para viajar por tierra a París, ciudad en la que la esperaba Feroze. La distancia había acrecentado las ansias por el reencuentro. El escenario donde ese amor cristalizó fue un París «bañado por la suave luz del sol, y el corazón era joven y alegre... Nosotros mismos éramos jóvenes y estábamos enamorados».

En la espectacular escalinata de la basílica del Sagrado Corazón de Montmartre, Feroze le pidió de nuevo que se casara con él. Y, en esta ocasión, ella aceptó. En aquellos meses veraniegos se había producido un cambio en Indira, prácticamente imperceptible pero esencial y definitivo de cara a su futuro. Era como si, tras haber alcanzado el fondo de un pozo negro y tenebroso en el invierno anterior, hubiera conocido los límites de su propia resistencia, e iba a renovarse con todas sus fuerzas. La Indira que descendió de la escalinata del *SS Victoria* tenía muy claro lo que quería y pondría desde entonces todo su empeño en ello. Pero no viviría la vida que su padre querría decidir por ella; tampoco la que su apellido le marcaba como miembro de la casta más poderosa. Ella tenía sus propios planes y, como mucho tiempo después reconocería a la periodista Oriana Fallaci respecto a sí misma y su propio carácter, «una vez que se me mete una idea en la cabeza, nadie en el mundo puede hacerme cambiar de opinión».

Ya no era una niña y se había convencido, a sus diecinueve años y diez meses, de que era libre de elegir su propio camino. Era una mujer adulta e inteligente, y sabía lo que quería. No podía ignorar que su boda con un parsi iba a suponer un revuelo considerable en su país. Sin embargo, nada podría detenerla.

Después de la escapada parisina, la realidad académica se impuso y, renovada y feliz por primera vez en mucho tiempo, regresó a Oxford. Feroze volvía a Londres y retomaba sus lazos con la Liga de la India. Su líder, Krishna Menon, estaba volcado entonces en mostrar su apoyo a la revolución nacionalista china y a su principal líder, Chiang Kai-shek, y solicitó a Indira que, en el transcurso de una asamblea de la Liga, transmitiera un mensaje de su buen amigo Jawaharlal en apoyo al pueblo chino.

Tras escribir a Nehru, este no puso objeciones y envió una carta que Indira leyó magistralmente en su nombre. Tras la lectura, Menon insistió en que la joven pronunciase unas palabras. Ella intentó rehusar: había llegado a la reunión directamente desde la estación de tren y no había preparado nada. Menon no se dio por vencido, e Indira, en contra de su voluntad, se vio obligada a improvisar. Había mucha gente presente, ansiosa por escucharla, y, sobrepasada por la expectación, comprobó horrorizada cómo su voz sonaba totalmente transformada por los nervios.

—¡No habla: chilla! —exclamó un asistente de entre el público ante el estupor, las risas y los abucheos de la audiencia.

Indira terminó su discurso como pudo, bajó del estrado y abandonó la sala sonrojada a causa del bochorno. A pesar de que Feroze intentó consolarla, tras aquella experiencia dejó de hablar en público durante bastante tiempo. A partir de ese momento no accedería a satisfacer los deseos ajenos si no estaba convencida de estar preparada para afrontar la situación.

Su antigua relación con Menon había jugado en su contra: su lealtad a las ideas que compartían y su gratitud por el enorme éxito que había supuesto la publicación de la autobiografía de su padre, en la que tanto había tenido que ver él como editor, la habían puesto en una difícil situación ante la que no podía negarse. Pero ahora lo tenía claro: ella misma, no su apellido ni su estirpe, se adueñaría de su destino. No cabía duda de que Indira amaba a su país, pero al mismo tiempo, en ocasiones, anhelaba una existencia más común y, sobre todo, anónima. Mientras tanto, se mantendría al margen, preparándose en silencio para esa hora que solo ella reconocería como la suya: Indira había decidido tomar las riendas de su propia vida y ya nunca las soltaría.

✧

Tras finalizar el curso en Oxford, Indira, secretamente ilusionada con la noticia que esperaba darle a su padre, inició con él una gira por diversas ciudades europeas en la que Jawaharlal buscó estrechar sus relaciones con diversos líderes internacionales. Juntos participaron en diversos actos políticos en el verano de 1938: estuvieron en Praga, en Bratislava; y en Francia se manifestaron contra los bombardeos a civiles que estaban teniendo lugar en España durante la Guerra Civil. De forma inesperada, en Budapest, Indira sufrió una pleuritis que la mantuvo hospitalizada durante tres semanas, un hecho que asustó sobremanera a su padre, que no podía dejar de pensar en la tuberculosis que había acabado con la vida de Kamala.

Temeroso de perderla, intentó convencerla para que regresara con él a la India en lugar de retomar un nuevo curso en Oxford, para evitar así el clima húmedo de la ciudad. Anteponiendo la salud a los estudios, Indira aceptó para encontrarse, al llegar a Allahabad, con una enorme decepción: su padre había cedido la propiedad de Anand Bhavan a su tía Vijayalakshmi. Indira comprendió, con una mezcla amarga de estupor, ira y pena, que ya no tenía un hogar al que regresar. Y al ver poco después cómo su padre se desentendía de ella para volcarse en sus innumerables cuestiones políticas, supo también que su decisión de casarse con Feroze y de marcar ella misma el rumbo de su vida era la correcta.

Tras recuperarse, regresó a Inglaterra pese a que, en aquel otoño de 1939, era evidente para todos que pronto las tensiones políticas generadas por la ambición sin límites de la Alemania nazi no tardarían en desencadenar un conflicto armado. A principios de septiembre, el ejército teutón había invadido Polonia y, en consecuencia, las tropas aliadas de Gran Bretaña y Francia, que habían anunciado su intención de socorrer a dicha nación en el caso de que fuese invadida por el país vecino, le declararon la guerra. Minutos después de que el primer ministro británico del momento, Neville Chamberlain, realizase el anuncio, se escuchó el gemido de la *Wailing Winnie* (la sirena que indicaba el inicio de los ataques aéreos de la Luftwaffe alemana) en Londres. Pero fue una falsa alarma. Mientras tanto, la batalla del Atlántico se libraba con furia entre los navíos alemanes U-Boot y casi toda la escuadra británica.

En este contexto, y a pesar de su fortaleza, la salud de Indira volvió a resentirse. El clima inglés no favorecía en absoluto su recuperación, y una recaída de su pleuritis hizo indispensable un nuevo ingreso. Movida por la situación de peligro del país y por su debilidad física, la joven aprobó su traslado a Suiza. Cuando en septiembre de 1940 estalló la Segunda Guerra Mundial, esta sorprendió a Indira enferma y en un territorio neutral pero asediado en todas sus fronteras. En cuanto a Jawaharlal, pese a la enorme preocupación por su hija, tuvo la certeza de que aquel era un momento histórico que difícilmente se repetiría. Reunido el Congreso Nacional Indio, tanto Gandhi, que rechazaba fervientemente toda forma de violencia, como el propio Nehru solicitaron al gobierno británico que aclarase su postura respecto a la contienda, así como al papel que desempeñaría la India en ella. El primer ministro Winston Churchill manifestó que la India seguiría siendo una colonia británica, mostrando una enconada oposición a las sugerencias del presidente estadounidense Roosevelt, quien se pronunció radicalmente en contra de toda forma de colonialismo. El Partido del Congreso, con Nehru a la cabeza, a pesar de dejar claro su rechazo al fascismo, se negó a colaborar junto a Gran Bretaña en la contienda. En coherencia con el boicot antiocupacionista iniciado años atrás, decidió no prestar ningún tipo de apoyo bélico a menos que esta concediera a la India la independencia sin condiciones. El siguiente paso corrió a cargo de Gandhi, que, en octubre de 1940, tras la ocupación de Holanda y Francia por los nazis, inició una nueva campaña de desobediencia pacífica. En una situación tan compleja a nivel militar y político, la reacción del Reino Unido fue desproporcionada: Jawaharlal fue arrestado y condenado a cuatro años de trabajos forzosos, una pena que escandalizó incluso a Churchill.

Cuando esta noticia llegó a oídos de Indira, aún convaleciente, su decisión fue inapelable: abandonaría de inmediato Suiza para, cruzando una Europa en guerra, regresar a la India y prestar todo su apoyo a su padre. Pese a las advertencias —casi amenazas— del director del sanatorio, consiguió el alta para salir de la institución y del país y dirigirse a Londres para reencontrarse con Feroze. La capital británica era, a finales de 1940, posiblemente una de las ciudades más peligrosas del mundo debido a los continuos bombardeos alemanes. En dichos ataques dejaban caer hasta trescientas bombas por minuto. Y, sin embargo, allí Indira fue feliz como pocas veces en su vida. Su historia de amor con Feroze, debido tal vez a la cercanía de la muerte y el horror de la guerra, parecía más intensa, más arrebatada que nunca. Fruto de esta intensidad, Indira sugirió organizar el enlace allí mismo, en secreto. Tras su larga enfermedad y el panorama desolador de los *Blitz* —los ataques relámpago alemanes—, deseaba más que nunca sentirse viva, no podía esperar más.

Feroze, sin embargo, se negó. Quería hacer las cosas como era debido, no en una especie de clandestinidad, quién sabe si por el afán de mantener a toda costa el sueño de su vida de celebrar una gran boda que legitimara su unión a la estirpe de los Nehru, o tal vez por respeto hacia su futuro suegro. Sea como fuere, el 10 de marzo de 1941 partieron a bordo de un barco llamado, ironías del destino, *City of Paris*, con destino a la India. Su intención era anunciar de forma oficial su compromiso.

Fue un viaje difícil: por la noche la embarcación navegaba con las luces apagadas para evitar los aviones enemigos que, cargados de bombas, surcaban constantemente el cielo sobre ellos. Al mismo tiempo, el buque atravesaba un fondo marino plagado de cargas de profundidad sumergidas a lo largo de toda la costa africana. Además, el enemigo no estaba solo fuera: Feroze e Indira no tardaron en descubrir que el pasaje del barco estaba compuesto por tropas coloniales británicas, así como por funcionarios de su gobierno tajantemente opuestos a la independencia india. Esto los atemorizó: Indira era muy conocida, por lo que no se atrevió a hablar con ningún pasajero. Feroze y ella pasaron todo el tiempo que pudieron recluidos en sus camarotes, deseando llegar a su país.

〜⌒〜

Una vez en la India, comprobaron que allí la situación, en vez de mejorar, había empeorado. Con Jawaharlal encarcelado, Indira se reunió en primer lugar con Gandhi. Después, acudió a la cárcel de Lucknow, más decidida que nunca a hacer valer su derecho como mujer de veintitrés años. Sin rodeos, anunció:

—Padre, voy a casarme con Feroze. Lo amo, quiero formar una familia con él.

Su padre supo advertirlo nada más verla. Su hija estaba demacrada, ojerosa y extremadamente débil tras su larga enfermedad, pero sus ojos brillaban animados por una luz nueva que, sin embargo, él conocía bien. Muchos podrían pensar que era el amor, pero él ya la había visto antes y sabía que era pura determinación.

Puede que, por primera vez en su vida, Pandit Nehru intentara ponerse en la piel de su hija y ver las cosas desde su punto de vista, atendiendo a sus necesidades y no a las de un apellido que, a fin de cuentas, ella no había elegido. De una manera intensa, casi desgarradora, había sentido miedo de perderla. Indira era mucho más que su heredera: era su Indu-boy, su única familia. Le escribió y le dio su palabra de que, si aplazaba la boda y se dedicaba a recuperar su salud, una vez estuviera restablecida, no se opondría al enlace. Aunque, en su interior, esa posibilidad lo espantaba. Feroze, ese chiquillo que adoraba a Kamala, que poco a poco se había erigido en su sombra, ese acompañante que tan útil le había resultado para preocuparse por ella mientras él se dedicaba a una causa mayor, podía adquirir un nuevo y trascendente papel en sus vidas.

Tras su visita a la cárcel, una Indira firme, inflexible, desconocida para sus tías, declaró que no estaba dispuesta a volver a Anand Bhavan. Aquel ya no era su hogar en tanto que tuviera que convivir con Vijayalakshmi. Ya no la temía, había roto su silencio: era libre. Y, como tal, tomó la decisión de regresar al Himalaya con sus amigos, dispuesta a recuperar su salud.

᷍᷍

Tras más de un año en prisión, Nehru fue puesto en libertad el 3 de diciembre de 1941. Apenas cuatro días después, los japoneses bombardearon la base naval de Pearl Harbor (Hawái), desencadenando la entrada de Estados Unidos en la contienda. El 8 de diciembre, un día después del ataque, el país declaró formalmente la guerra a Japón y los lazos de colaboración entre ellos y el Reino Unido se formalizaron e intensificaron. El mundo entero se había convertido en un tablero de juego con implicaciones aterradoras también para la India: en tanto Hitler avanzaba por Europa y se desplegaba por África, Japón hostigaba en el Pacífico los territorios del Imperio británico. En febrero de 1942 el ejército nipón ya se había apoderado de Hong Kong, Singapur y Malasia. Con la conquista de Birmania —uno de cuyos puntos álgidos fue la caída de Rangún a principios de marzo, que los Aliados se vieron obligados a abandonar el día 7 de ese mes—, el pánico se desató en la India e hizo conscientes a sus habitantes de que los japoneses avanzaban imparables hacia sus fronteras.

Y en esos meses en los que todo parecía desmoronarse, Indira seguía inflexible en sus planes: se había recuperado, estaba en plena forma y reclamó a su padre que cumpliera con la palabra dada respecto a su boda. Tal vez ante la inminencia del enfrentamiento armado, como ocurre a tantas otras parejas que se desean en las situaciones más críticas, necesitaban formalizar su amor para afrontar el futuro sabiéndose unidos.

Jawaharlal, consciente de que el país no poseía un ejército tan fuerte como para hacer frente a un ataque japonés, estaba embarcado en una ofensiva política contrarreloj destinada a exigir al gobierno británico su retirada de la India en la creencia de que solo así evitaría que su estimado país tomara parte activa de la contienda. Agotado como estaba, terminó por ceder en esa otra batalla, no menos intensa, que mantenía a nivel privado. Si bien Indira se mostraba empeñada en seguir adelante con su enlace, sus tías Krishna y Vijayalakshmi, también con un importante peso social y público,

79

desaprobaban radicalmente aquella unión. Y es que, aunque todo el país estaba pendiente a través de las radios y la prensa del avance de las tropas japonesas, no por ello iban a dejar de seguir con ahínco y evidente morbo las tribulaciones de los Nehru. Para ellos, y contra lo que los periódicos vaticinaban, el país no estaba asistiendo a una caída, sino a dos. Por una parte, la del Imperio británico; y por la otra, el declive de la dinastía Nehru. Eso y no otra cosa significaba el anuncio de aquella boda con un parsi de clase media-baja: un acontecimiento que había adquirido una inusitada trascendencia política. O, en palabras de Indira:

Nadie quería aquel matrimonio. Nadie. Ni siquiera Mahatma Gandhi estaba contento. En cuanto a mi padre…, no es cierto que se opusiera, como se cuenta, pero tampoco le parecía bien. […] Mi prometido pertenecía a otra religión. Era un parsi. Y eso no lo soportaba nadie; la India entera estaba contra nosotros. La India entera.

La situación se volvió tan insostenible, y la violencia en medio de aquel conflicto bélico estaba tan a la orden del día, que comenzaron a llegar amenazas:

Le escribían a Gandhi, a mi padre, a mí. Cada día el cartero nos traía un saco de correspondencia y volcaba las cartas sobre el pavimento. Nosotros ni las leíamos. Se las hacíamos leer a un par de amigos que luego nos las contaban. «Hay uno que quiere cortarte a pedacitos. Hay uno dispuesto a casarse contigo aunque él ya está casado. Dice que al menos él es hindú».

Indira decidió casarse con Feroze pese a tener a la opinión pública en contra porque este pertenecía a la religión parsi y era de clase inferior. La pareja celebró su enlace en 1942, en una ceremonia tradicional que suscitó una gran expectación.

Indira temió por su vida y también por la de Nehru, hasta el punto de que no solo Jawaharlal tuvo que realizar declaraciones públicas para intentar rebajar la tensión, el mismísimo Mahatma Gandhi —que en privado desaprobaba vehementemente la boda— debió realizar una llamada a la paz a través de un artículo en su periódico donde imploraba a la gente que olvidaran sus prejuicios y abrieran paso al amor.

Finalmente, se decidió, debido al clima de crispación y a la guerra, llevar a cabo una ceremonia más breve y menos lujosa de lo que cabría esperar en una casta como la suya. Con todo, no fue una boda sencilla. Al fin y al cabo, eran los Nehru. Indira, quizá como una concesión de cara a la opinión pública y a la tradición, había aceptado que la ceremonia se llevara a cabo en Anand Bhavan, el hogar que había jurado no volver a pisar. El 26 de marzo de 1942, finalmente, exultante y triunfal, cubierta con guirnaldas de flores, descendió por la gran escalinata hasta llegar a la galería donde se había preparado, siguiendo la tradición, el baldaquino nupcial. Vestía un *khadi* rosado con adornos en plata, que era un símbolo para todo el país: aquella tela de algodón la había tejido Nehru en su telar a lo largo de sus muchas estancias en la cárcel. Junto a él, un almohadón vacío señalaba el lugar que debería haber ocupado Kamala, tan presente en los recuerdos de su hija y de su futuro marido.

Era un día de sol y de luz, y, más allá de la propia galería y de las sillas y alfombras que ocupaban los muchos invitados, al otro lado de la verja de madera que limitaba la finca, cientos de espectadores se agolpaban deseosos de asistir a aquel gran acontecimiento que días atrás habían denostado. En él, y a lo largo de toda la ceremonia tradicional, Indira brillaba con un magnetismo especial. Ahora era una mujer orgullosa y fuerte que había logrado vencer a las convenciones sociales y a la voluntad de los dos hombres más destacados de la India: la de su propio padre y la de su mentor. De hecho, había vencido incluso la oposición de todo su país.

En un momento de la ceremonia, valiente, tomó la palabra para salirse, como haría muchas veces más en el futuro, de la tradición y del papel que se le tenía reservado por su condición de mujer. En vez de dar la palabra al novio, recitó unos versos en sánscrito al margen del ritual:

—Si hay alguien en las cuatro esquinas del mundo que se atreva a privarnos de nuestra libertad, que esté bien atento. ¡Yo estoy aquí, con la espada en la mano, dispuesta a resistir hasta el final! ¡Que la luz que irradia la libertad nos envuelva completamente!

Su voz poderosa y su gesto desafiante convencieron a todos de una verdad que jamás volverían a cuestionar: Indira era una digna heredera de su dinastía, que se mostraba fuerte y confiada ante la adversidad y, por tanto, más que capaz de contribuir a guiar a la India hacia la independencia.

3

LA MADRE DE LA INDIA

Creo en la liberación de las mujeres de la misma manera
que creo en la liberación de los hombres, es decir,
la liberación de todo tipo de oscurantismo y superstición,
de los límites estrechos del pensamiento
y de los hábitos obsoletos.

INDIRA GANDHI

Indira conocía su país a la perfección y, cada vez con mayor ahínco, deseaba contribuir a su mejora. En la imagen de la página anterior, Indira en Teen Murti, la residencia familiar de Nueva Delhi.

Tras la breve escapada de luna de miel en Cachemira, la parte más occidental de los Himalayas, Indira no esperaba que la vuelta a la realidad en Allahabad fuese a resultar tan cruda. Encontró una India asediada por una guerra en la que, como colonia británica, se había visto inevitablemente involucrada. Jawaharlal pronto evidenció que necesitaba contar con Indira para que organizara las numerosas reuniones que a todas horas tenían lugar en la que antaño había sido la villa de la familia. Indira supo que no podía negarse, ya que su padre había aceptado su boda y había acogido a Feroze en el Partido del Congreso pese a que las ideas del joven estaban mucho más a la izquierda que las del propio Jawaharlal y, además, la llamada era inequívoca: no se trataba tanto de que la necesitara su padre sino su país. Se volcó en la tarea con su eficiencia acostumbrada y comprobó, complacida, que su lucha común volvía a acercarla a su padre.

Poco duraría, sin embargo, este estado de tensa calma: el 8 de agosto de 1942 se celebró un comité del Congreso en Bombay en el que Gandhi promovió el llamado *Quit India*

Movement («Movimiento Abandonad la India») por el que se exigía la retirada británica del país de manera ordenada. A las pocas horas del discurso de Mahatma —que desde entonces sería conocido como el *Do or Die* («*Lograrlo o morir*»), y en el que pronunció la famosa frase: «Permitid que cada indio se considere un hombre libre»—, las autoridades británicas no tardaron en volver a encarcelar sin juicio previo a Jawaharlal, a Gandhi y a otros miembros del Comité de Trabajo del Congreso: tenían la intención inequívoca de descabezar el órgano que constituía la cúpula directiva del partido.

Las protestas no se hicieron esperar en un país en el que ya se respiraba un clima de máxima tensión, y a las manifestaciones y la desobediencia civil siguió, inevitablemente, una dura represión a cargo de las autoridades de la Corona británica.

Desde la cárcel, Jawaharlal encargó a Indira la misión de proseguir con su tarea y reactivar la actividad política del Partido del Congreso. Le requirió la máxima discreción posible, pero lo cierto es que ella nunca había dejado de estar en el punto de mira policial. Indira comenzó a recibir avisos de que la estaban siguiendo y extremó al máximo sus precauciones. Los rumores respecto a que se había emitido una orden de arresto contra ella eran cada vez más insistentes, pero Indira no se detuvo y prosiguió con la tarea encomendada. Como única cautela, procuraba dormir cada noche en casa de alguna amiga en vez de en su hogar, pero seguía participando en las manifestaciones consciente de que su presencia, como último eslabón de la saga Nehru, tenía una carga simbólica que contribuía a mantener el ánimo de los insurrectos.

Durante una ceremonia de izamiento de banderas indias en Allahabad, un joven que portaba una enseña del Congreso fue golpeado por la policía con un *lathi*, un palo largo y pesado de madera, lo que provocó su caída. Antes, consiguió entregar la bandera a Indira, que se aferró a ella, orgullosa, sin dejarla caer pese a que también fue duramente golpeada mientras la policía intentaba arrebatársela. En esa ocasión, quizá por la incontable presencia de manifestantes, la policía no llegó a arrestarla, pero no tendría que aguardar más que unos cuantos días. El 10 de septiembre de 1942, cuando aún no habían transcurrido seis meses desde su boda, Indira se encontraba en un local en el centro de la ciudad al frente de una reunión de trabajadores del Partido del Congreso organizada por ella cuando unos soldados británicos rodearon el recinto e irrumpieron en la sala en el momento en el que Indira arengaba a los asistentes. Uno de los soldados se dirigió a ella y le exigió silencio, pero Indira continuó hablando y el hombre, cada vez más agresivo, alzó su arma y la amenazó. Fue un momento de extrema tensión. Feroze logró levantarse y correr hacia el estrado para interponerse entre el militar armado e Indira.

Como era de esperar, los dos fueron arrestados, pero se les comunicó que serían enviados a prisiones diferentes. A Indira se le permitió acudir a Anand Bhavan, fuertemente escoltada, a recoger los utensilios indispensables para pasar una larga estancia en la cárcel. Ante la perspectiva de la soledad del aislamiento, pensó que la mejor compañía serían sin duda los libros, por lo que cargó una maleta con «libros serios, menos serios y frívolos», y salió de casa orgullosa.

Las autoridades decidieron enviarla a la sección femenina de la prisión de Naini, cerca de Allahabad, en la que tantas veces había estado recluido su padre. Para su sorpresa, por un error del juez, quién sabe si involuntario o no, fue encarcelada como presa ordinaria. Ello implicaba que no podía escribir ni recibir cartas o visitas, una situación de especial dureza que se mantuvo durante los primeros meses de su reclusión. Como hija de Nehru debería haber gozado de los privilegios de los prisioneros de clase A, que incluían, entre otros beneficios, una habitación separada con baño y acceso a agua, la entrega de un periódico diario o incluso la disponiblidad de un servicio médico. Pese a todo, Indira iba dispuesta a aprovechar el tiempo en la cárcel y estaba decidida a no desanimarse.

Sin embargo, la vida en prisión se desarrollaba en unas condiciones muy duras. Dormía junto con otras cinco presas en un minúsculo barracón que contaba con una cortina como única división entre el cuarto y la letrina; el comedor era sencillamente atroz: el arroz estaba lleno de piedras, el azúcar se mezclaba con una inmensa cantidad de polvo, la leche estaba diluida en agua y un largo etcétera de despropósitos. Por estos motivos, su delicada salud se resintió: perdió mucho peso en poco tiempo y cayó presa de la fiebre, que se agravaba en el opresivo y sofocante ambiente de la celda. Las autoridades penitenciarias le permitieron, como única medida paliativa, sacar su colchón al patio por las noches y dormir allí, al fresco. Pese a que esta medida mejoró levemente su estado, Indira continuó empeorando de forma preocupante, lo que aceleró su traslado, tras la insistencia y las protestas desde el exterior, al área de las presas de clase A. Además de gozar de un mejor trato, esto le permitió mantener una fluida correspondencia con su padre.

Ahora, al fin, Indira podía comprender qué habían supuesto para Jawaharlal los muchos encierros a los que había estado sometido. Y, también, podía decirse que se sentía razonablemente orgullosa, incluso satisfecha, de pasar por ese calvario. Como le confesaría a la periodista española Rosa Montero:

Estaba... no voy a decir contenta. Contenta no es la palabra, pero no estaba descontenta de estar en prisión. Es muy difícil describir estas experiencias a la gente. Si has estado en una guerra solo puedes hablar de las experiencias de esa guerra con personas que también hayan pasado por trances semejantes, porque, de otra manera, no puedes imaginarte lo que es. En esas circunstancias tu mente no se encuentra en un estado normal, sino que está arrebatada en la atmósfera. Para nosotros ir a la cárcel era un honor. Si no ibas a la cárcel te decías: hay algo equivocado en mí porque no me detienen, será que no estoy haciendo lo suficiente.

En efecto, en marzo de 1943, Jawaharlal volvía a advertir en Indira ese espíritu indomable de lucha al que en los últimos tiempos ella había pretendido renunciar. Y estaba también el orgullo: el de él por su hija y el de ella por sí misma. La cárcel los había equilibrado.

Esa dura situación estaba pasando factura a Indira, cuya salud se deterioró hasta el punto de que, el 15 de mayo de 1943, fue liberada. Los dirigentes de la prisión no querían ser responsables de la evolución que podría seguir su mala salud si continuaba allí recluida.

Nada más salir de prisión, donde había pasado ocho meses, Indira tuvo que ser ingresada en el hospital. Y, por supuesto, en cuanto se recuperó, su primer deseo fue regresar a Swaraj Bhavan para continuar trabajando en pos de la independencia. Pero los ingleses no estaban dispuestos a permitir que se convirtiera en una mártir de su causa, por lo que no dudaron en presionar tanto a Indira como a su tía Vijayalakshmi para que abandonaran Allahabad rumbo al Himalaya, so pena de un nuevo encarcelamiento. Por primera y casi por única vez a lo largo de su historia en común, ambas se unieron en la negativa, y, aunque se consideró seriamente la opción de detenerlas, el temor a la opinión internacional y a las revueltas que podrían ocasionarse en el país llevó a las autoridades británicas a declarar que ambas habían sido liberadas de forma incondicional.

Cuando en junio de 1943, tras casi un mes ingresada, pudo regresar a su hogar para reencontrarse al fin con Feroze, que también había sido liberado poco después que ella, Indira descubrió que esos más de doscientos días encarcelada la habían transformado: «La cárcel tal vez fortaleció mi carácter, y me fortaleció como persona», declaró. Irónicamente, aunque su estancia en prisión había reforzado su pensamiento y había afianzado su vínculo con su padre, también había debilitado otro: el de su matrimonio.

De regreso a su pequeña vivienda alquilada en Allahabad, Feroze y ella se encontraron con que aquella forzosa separación había hecho mella en su relación. Lejos del animado ambiente londinense, más allá de las movilizaciones y sin escapadas a París, sin acciones heroicas ante audiencias deseosas de poner su amor como ejemplo, lo cierto es que tenían muy poco en común. Y, quizá para huir de esa sensación de fracaso, comenzaron a hacer vidas separadas y a frecuentar diferentes ambientes. Feroze, siempre tan carismático en sociedad, salía constantemente, reclamado por sus muchas amistades y compañeros de lucha. Indira, en cambio, aún convaleciente y débil, permanecía en casa, el único escenario en común de ambos como pareja, haciendo todo lo posible para recuperarse. A pesar del evidente distanciamiento, la pareja deseaba tener descendencia, y los médicos habían advertido a Indira de que, si no aumentaba de peso, sería muy difícil, sino imposible, quedarse embarazada. Pero, una vez más, las advertencias chocaron contra su férrea voluntad, y el 20 de agosto de 1944 venía al mundo Rajiv Ratna, el primer hijo de Indira y Feroze, tras un embarazo y un parto sin complicaciones.

Fue una alegría inmensa para los dos, pero pronto se convirtió en motivo de disputa del matrimonio. Jawaharlal seguía encarcelado y no pudo conocer a su primer nieto, lo que causó un gran dolor en su hija, que llevaba ya más de un año y medio sin verlo. Sin embargo, su comunicación era frecuente a través de las cartas que no dejaban de enviarse, y fue en una de ellas donde manifestó a Indira su deseo de que su primer nieto llevase el apellido de la familia por delante del de Feroze. Ella aceptó y, a pesar de las reticencias de su marido, el niño fue registrado como Rajiv Ratna Nehru Gandhi.

Entonces, casi un año después del nacimiento de Rajiv, el 15 de junio de 1945, Jawaharlal fue liberado. La noticia sorprendió a Indira en Srinagar, en el estado de Cachemira, donde estaba pasando unos días con el pequeño Rajiv. De inmediato, y sin dudarlo, dejó a su hijo al cuidado de varios familiares que la acompañaban y partió rauda hacia Allahabad para poder recibir a su padre cuando llegara. No quería que, después de tanto tiempo, se encontrase de frente con la soledad al entrar en una casa vacía.

∽.∾

Con su recién estrenada libertad, el primer objetivo de Jawaharlal fue lograr la culminación del proceso de independencia de la India. Los últimos estertores de la Segunda Guerra Mundial habían dejado muy debilitado al Imperio británico y, por otra parte, el acceso al gobierno del Partido Laborista tuvo como consecuencia que sus líderes fueran más receptivos a las reclamaciones indias sobre su liberación. Parecía como si los británicos al fin hubieran comprendido que la India se había embarcado en un proceso imparable e inevitable ante el cual se sentían agotados, sin más fuerzas para luchar. En 1944 Gran Bretaña declaró que aceptaría liberar a la India con la condición de que los dos principales partidos, la Liga Musulmana y el Congreso Nacional Indio, ambos a favor de la independencia, pero rivales políticos, llegaran a un acuerdo para dividir el hasta entonces conocido como Imperio indio británico en dos. Así, en la zona que se pasaría a conocer como el Dominio de Pakistán vivirían todos los ciudadanos musulmanes y, en la llamada Unión de la India, aquellos profesantes del hinduismo.

Desde un primer momento Gandhi se había declarado contrario a esta partición. Pero Muhammad Ali Jinnah, el máximo dirigente de la Liga Musulmana, no dejaba de

*Indira, además de una líder nata que se volcó en la
política de su país, fue una persona profundamente
familiar. En la foto, risueña, sostiene en brazos a su
hijo Rajiv, de un año, junto a Jawaharlal, que acababa
de ser liberado unos meses antes, en junio de 1945.*

arengar a sus seguidores para que llevasen a cabo acciones violentas destinadas a reivindicar la constitución de un Estado musulmán independiente. En tanto unos preconizaban la paz y la unidad, los cambios pacíficos, la lucha sin violencia, líderes como Jinnah alentaban sin ambages un movimiento que pocos meses después bautizaría como «acción directa», al que instó mediante un llamamiento destinado a demostrar la fuerza del sentir musulmán y su derecho a reclamar un Estado autónomo.

Aquella situación encontró a Gandhi devastado en lo personal. La prolongada huelga de hambre que había llevado a cabo en prisión dos años atrás lo había dejado debilitado y avejentado, y la muerte de su esposa Kasturba en febrero de 1944 terminó de minarlo. A pesar de su bajo estado de ánimo, Mahatma anticipó, a través de las palabras, acciones y discursos de Jinnah, esta violencia entre compatriotas. En parte para frenar la que ya se había desencadenado, y para no contribuir a aumentarla, aceptó ceder movido por el deseo de que su país hallara la paz y de poner fin a los violentos enfrentamientos y a las brutales matanzas. Para él, pacifista declarado, defensor de la no violencia, resultaba intolerable y desolador que compatriotas hindúes de diferentes religiones que hasta entonces habían luchado juntos contra los británicos, se embarcaran en una contienda tan encarnizada.

Si bien las autoridades británicas fijaron 1948 como fecha para abandonar definitivamente la India, la extrema violencia desatada entre musulmanes e hindúes los llevó a acelerar el proceso a fin de detener estos enfrentamientos que estaban causando auténticas masacres entre la población civil.

En 1946 encargaron la formación de una asamblea constituyente a Jawaharlal, liberado de prisión de forma indefinida
desde junio de 1945, y apuraron los plazos para adelantar la
división efectiva del país. Asimismo, y a fin de detener las matanzas, acordaron que la retirada de las tropas británicas sería
supervisada por el nuevo virrey de la India, Lord Mountbatten, que había luchado con honores en ambas guerras mundiales. Sus lazos familiares lo unían a la casa real británica,
y el entonces primer ministro inglés, Winston Churchill, lo
consideraba un hombre de estado cuyas dotes diplomáticas,
siempre enfocadas al bien común, resultaban esenciales como
máxima autoridad británica en la colonia hindú. Tanto él
como su esposa, Edwina, lograron establecer una gran sintonía y amistad con Pandit Nehru. En lo político, el virrey se
implicó intensamente en la transmisión de poderes a fin de
facilitar de una manera activa la descolonización y hacer todo
lo que estuviera en su mano para que esta resultara lo menos
traumática posible para los nuevos líderes del país.

Ese mismo año, Jawaharlal fue nombrado primer ministro interino. Se le encargó la presidencia de un gobierno
provisional, lo que lo había obligado a mover su residencia de
Allahabad a Nueva Delhi, bautizada como «nueva» en 1927
para dar cuenta de la remodelación de la zona sur de la ciudad con el fin de albergar las nuevas instituciones adminis-
trativas que exigía la capitalidad. Esta zona gubernamental
incluía una gran mansión designada en su momento como
el domicilio del virrey y que ahora sería la nueva residencia
presidencial, conocida como Teen Murti. Jawaharlal solicitó
insistentemente a Indira que lo acompañara a esta ciudad y se

instalara con él junto con Feroze y su hijo Rajiv. Alegó que su conocimiento del inglés y el francés, unido a sus proverbiales dotes organizativas, harían de ella una primera dama perfecta, justo lo que él necesitaba: alguien en quien confiar ciegamente y que le ayudara a recibir y a tratar tanto a los políticos como a los embajadores, científicos y, en general, a todas aquellas personas destacadas con quien debía empezar a tratar bajo su condición de dirigente provisional. Indira no se sentía a gusto en Allahabad, sola con Rajiv y con un Feroze cada vez más ausente y ocupado en sus reuniones políticas. Era plenamente consciente de que su relación se había ido enfriando más todavía, pese a su nuevo embarazo, que, además, estaba siendo especialmente complicado. Así pues, acompañada de Rajiv, puso rumbo a Nueva Delhi. Si bien es cierto que en los primeros días Feroze estuvo con ellos, no lo es menos que pronto partió en dirección a Lucknow, donde había conseguido un nuevo empleo como director del periódico *National Herald*, fundado por Nehru en 1938.

No era ningún secreto para Indira que, pese a seguir sus pasos en lo profesional, un soterrado rencor alentaba a Feroze frente a Jawaharlal con respecto al apellido de su hijo Rajiv. Sin embargo, nunca se había atrevido a enfrentarse abiertamente a él, y prefería criticarlo sin pudor en las reuniones de los grupos de izquierda radical a las que acudía, en las que cuestionaba abiertamente el papel de su suegro, a quien acusaba de tibio. Tampoco era un secreto para ella que Feroze coqueteó con varias mujeres e incluso llegó a tener una aventura amorosa con una de ellas. Pero Indira prefería hacer oídos sordos a los rumores y cotilleos de los que se hacía eco toda la ciudad y centrarse en su tarea de ayudar a su padre ejerciendo como una suerte de «primera dama provisional».

Feroze viajó a Nueva Delhi para acompañarla en la recta final del embarazo, y el 14 de diciembre de 1946 Indira dio a luz, tras un parto muy complicado que llegó a poner en riesgo su vida, a un nuevo varón, a quien llamaron Sanjay. Los meses que siguieron fueron de una intensidad inusitada tanto para Indira como para su padre. Ella estaba sumamente ocupada apoyándolo en lo posible, pero, sobre todo, volcada en la crianza de un bebé recién nacido y en la educación de Rajiv, de dos años de edad. Siempre afirmaría que aquellos tiempos fueron para ella los más felices y brillantes de su vida: se sentía plena y segura. Como confesaría a la periodista Oriana Fallaci:

> Hacer de madre siempre ha sido el oficio que me ha gustado más. Absolutamente. Hacer de madre nunca ha supuesto ningún sacrificio para mí; he saboreado cada minuto de aquellos años. Mis hijos... Estaba loca por mis hijos y creo haber hecho un inmenso esfuerzo para que salieran adelante.

Jawaharlal se esforzaba por organizar un país de una enorme complejidad social en una transición que se preveía conflictiva y en absoluto pacífica. A él le habría gustado haber dispuesto de más tiempo, hablar con más líderes territoriales, meditar mejor las fronteras. Pese a todo, los plazos se cumplieron para satisfacción de las autoridades británicas y el 14 de agosto de 1947 entró en vigor el nuevo dominio de Pakistán, que dirigiría Ali Jinnah, con el cargo de gobernador general. Al día siguiente, la India se declaró oficialmente independiente y Jawaharlal Nehru fue proclamado primer ministro del país. La ceremonia de la noche del 14 de agosto de 1947 fue especialmente intensa: al dar las doce, Jawaharlal se puso en pie y, ante la asamblea constituyente de Nueva Delhi, sumida en un respetuoso silencio, dijo con solemnidad: «Al dar la medianoche, mientras el mundo duerme, la India volverá a la vida y a la libertad». Al día siguiente prestó juramento como primer ministro ante lord Mountbatten, y posteriormente izó la nueva bandera del país frente a medio millón de personas congregadas para ver sus colores: verde, blanco y azafrán.

Pese a los vítores, el profundo conocimiento del subcontinente le hacía intuir que la proclamación de los dos nuevos países y sus nuevas fronteras no dejaría de provocar enfrentamientos y violencia. Se avecinaban meses de duro trabajo político, y no era difícil imaginar que esa tarea recaería también en buena medida sobre los hombros de Indira. Pero ¿y Feroze? ¿Qué lugar le deparaba a él la historia de su país?

～～

La retirada de los británicos de la que había sido su antigua colonia fue pacífica, pero lo cierto es que a su salida dejaban atrás unas fronteras trazadas con demasiado apresuramiento por las que pronto comenzaron a pasar auténticas riadas de ciudadanos obligados a abandonar sus hogares, acuciados por las nuevas hostilidades y la violencia desatada. Los musulmanes que, tras la partición, seguían en territorio indio, marchaban hacia Pakistán y, por su parte, los hindúes a quienes aquel 14 de agosto había sorprendido en los territorios que se convertirían en Pakistán, querían partir hacia la India. En medio de estas migraciones multitudinarias y contrapuestas, con toda la carga de desamparo e incertidumbre que producían, proliferaban los ataques de fanáticos violentos contra los que pertenecían a una religión diferente en un territorio de pronto antagonista. Asimismo, los enfrentamientos civiles eran sanguinarios, indiscriminados y constantes, ya fuera con base en disputas territoriales o entre miembros de las tres religiones mayoritarias del país: hindúes, musulmanes y también sijs. Como miembros de una religión fundada por Gurú Nanak en el siglo xv, los profesantes del sijismo contaban con un predicamento mayoritario en la región del Punyab, considerada en ese momento una zona enormemente conflictiva por encontrarse justo en la frontera entre la India y Pakistán. Indira, horrorizada por la violencia desatada en las calles, comenzó a trabajar como asistente social voluntaria prestando ayuda en los enormes campos de refugiados que debieron establecerse en la ciudad para dar acogida, por supuesto por separado, tanto a hindúes como a musulmanes en tránsito. Pese a que aquella era una ocupación peligrosa, Indira encontró apoyo en su *Bapu* Mahatma Gandhi, que en una ocasión había llegado a enfrentarse a una muchedumbre hindú que perseguía a un ciudadano musulmán.

En aquella situación enloquecida, él seguía defendiendo vehementemente la necesidad de rechazar la violencia, para lo cual inició a sus setenta y ocho años una nueva huelga de hambre ininterrumpida con el objeto de hacer reflexionar a los hindúes sobre el hostigamiento al que estaban sometiendo a los musulmanes en la India. Su enorme predicamento en todo el país, el fervor popular que inspiraba unido a su gran sacrificio, logró finalmente que los principales líderes religiosos acudieran junto a su lecho a solicitarle que pusiera fin a su huelga bajo promesa de no volver a incitar a la venganza ni al odio entre religiones. El balance final del conflicto generado por la partición fue atroz: alrededor de dos millones de muertos y unos catorce millones de personas desplazadas, tanto hindúes como musulmanes y sijs, en la que se considera todavía la mayor diáspora forzosa de la historia.

Poco después Indira fue a visitar a Mahatma en Birla Bhavan, su hogar en Nueva Delhi, junto con Rajiv. Gandhi, pese a su debilidad física, fruto de la edad, pero también de los esfuerzos del ayuno, jugó con el niño y paseó por el jardín con Indira. Al día siguiente, el 30 de enero de 1948, cuando a media tarde se dirigía a una plaza cercana donde debía conducir el rezo frente a centenares de seguidores y de su propia sobrina nieta Manu, un hombre se le acercó para tocarle los pies en señal de respeto. Mahatma unió las manos para saludarle y, en ese momento, recibió tres disparos mortales. El homicida fue detenido días después. Se trataba de Nathuram Godse, un fanático hindú que pertenecía al partido radical Mahasabha, que acusaba a Gandhi de «entregar la India a los musulmanes».

El subcontinente asiático se sumió en el dolor más profundo, y Jawaharlal, desolado por la pérdida de su gran amigo, igual que Indira, escribió un mensaje al país en el que reconocía sentirse avergonzado por no haber podido evitar su asesinato. Un crimen que, en contra de lo que hubiera sido la voluntad de Gandhi, generó más violencia, represalias entre los miembros más extremistas de las dos religiones preponderantes, saqueos e incluso incendios en las ciudades. Indira estaba devastada por aquella muerte y por la situación de la India. Además de brindarle ayuda a su padre, trabajaba como asistente social en el Consejo Indio para el Cuidado de los Niños, una ocupación que le gustaba y la llenaba. Jawaharlal no podía lidiar solo con los múltiples compromisos que debía atender, por lo que la requería cada vez con más frecuencia para que recibiera a los altos mandatarios que acudían a visitarlo e, incluso, para escuchar sus consejos. En realidad, sus muchas responsabilidades familiares y laborales la habían llevado al límite de sus fuerzas, pero lo cierto es que ella deseaba mantenerse ocupada para no pensar en su delicadísima situación matrimonial. Feroze y ella seguían haciendo vidas separadas en diferentes ciudades y, pese a las frecuentes desavenencias conyugales, él seguía siendo un excelente padre que visitaba con frecuencia a sus hijos.

En una de estas visitas, en 1949, Indira volvió a quedarse embarazada, pero a principios de octubre, sola de nuevo, sufrió un aborto. Feroze acudió raudo desde Lucknow para acompañarla y consolarla. Para su sorpresa, Indira no tardó en comentarle que, pese a su debilidad tanto física como moral tras este terrible acontecimiento, deseaba acompañar a su padre en una visita programada a Estados Unidos. Es posible que sintiese que aquel viaje era una manera de huir de una realidad triste y abrumadora para ella tras el golpe que le supuso perder ese bebé. En todo caso, Feroze no lo aceptó y lo interpretó como un rechazo.

Quién sabe si como respuesta a la frustración que le hacía sentir su relación con Indira, quizá incluso culpando de un modo indirecto a Jawaharlal, o tal vez debido a su propia ambición no satisfecha pese a que destacaba como un incisivo periodista, Feroze volvió a abrazar la política. Siempre se había situado mucho más a la izquierda que su suegro, más moderado, pero lo cierto es que dentro del Partido del Congreso, al que ambos pertenecían, cabían muy diversas posturas políticas. Tal y como había logrado destacar, ser escuchado y ganarse el respeto de sus compañeros en el periódico, ascendió vertiginosamente en su faceta política hasta el punto de que en 1952 fue elegido diputado del Lok Sabha, un órgano que formaba parte del sistema bicameral establecido por la Constitución india. Con motivo de esta elección se trasladó a Delhi, y decidió que viviría allí con su familia en la residencia presidencial.

No obstante, lo que podía haber sido un reencuentro feliz fue todo un desastre familiar. Para Feroze, aquella residencia resultaba sofocante, siempre llena de gente entre la que él no hallaba su lugar. No tenía un despacho a su disposición donde mantener reuniones políticas de trabajo, se sentía relegado, arrinconado y de mal humor, e Indira, que percibía este cambio en su carácter, vivía en permanente tensión entre las obligaciones para con su padre, sus hijos, su esposo y las tareas como primera dama del nuevo país. El protocolo no ayudaba: a todos los efectos era considerada la primera dama y por ello tenía un puesto de honor junto a su padre en las cenas oficiales. Feroze, en cambio, estaba relegado a los lugares más alejados de la mesa presidencial. Se sentía humillado y comenzó a negarse a asistir a cualquier acto oficial. Poco después, se mudó a otra vivienda, un hogar donde la seguridad y el protocolo no existían y en el que, sin embargo, sus hijos, que pasaban muchos fines de semana con él, reconocieron haberse sentido más felices que en la residencia oficial de su abuelo.

Indira nunca admitió en público, ni siquiera mucho tiempo después, que Feroze y ella hubieran llegado a separarse. Fue como si jamás hubiera llegado a aceptarlo. Daba excusas a los periodistas, intentaba ofrecer explicaciones relativas a la seguridad, a la política, incluso a la intendencia familiar. Indira lo explicó así en la entrevista con Oriana Fallaci:

En un determinado momento cedió, se marchó de Lucknow y decidió vivir en Delhi, en casa de mi padre: con él y conmigo. Pero siendo diputado del parlamento, ¿cómo se las arreglaría para recibir a las visitas de trabajo en casa del primer ministro? Enseguida se dio cuenta del problema y tuvo que buscarse otra vivienda. Tampoco esto era cómodo. Estar aquí y allí, un poco con nosotros y un poco solo... No, tampoco para él la vida fue fácil.

Pese a todo, su distanciamiento era un hecho. Cuando en 1955 los miembros del partido propusieron a Indira como su presidenta, Feroze lo tomó como un insulto, una afrenta personal. Ella, sensata y humilde, rechazó la oferta alegando que no se sentía preparada para tal responsabilidad. A partir de ese momento, Feroze devino uno de los principales críticos y opositores a Nehru. Su formación periodística lo hizo experto en investigar y denunciar las corruptelas de los ministros elegidos por este, y llevó a varios a la dimisión. Poco a poco fue arrinconando a Jawaharlal, que se sentía cada vez más anciano y cansado, desgastado por tantos años de lucha política y por el peso del cargo de primer ministro de la India.

Y fue en ese momento, al percibir la debilidad de su padre, cuando Indira decidió asumir responsabilidades políticas públicamente y no hacer rechazos al poder dentro del partido, pensando tal vez en defender a su progenitor de unos ataques que consideraba totalmente injustos. Decidió llevar a la práctica todos los conocimientos adquiridos tras tantos años de formación, desde su misma infancia, como testigo y parte activa de los entresijos de la trastienda de la política. En 1957 ya había aceptado formar parte del Comité de Trabajo del Congreso y había sido designada como miembro del Comité Central de las Elecciones del Congreso. Su habilidad para defender los intereses de su padre, y también su mano izquierda para convencerlo de la necesidad de modernizarse, de avanzar con los tiempos y dejar atrás antiguas prácticas políticas caducas que hacían caer a su gobierno en fórmulas inmovilistas, eran más que evidentes. Poco a poco comenzó a ser considerada como una figura política relevante, aunque todavía inexperta.

Ese ascenso, que para ella podría haber sido fuente de orgullo, de autoafirmación personal, supuso en cambio una dolorosa renuncia. Feroze y ella estaban no solo cada vez más distanciados, sino, incluso, enfrentados políticamente. Hacían vidas totalmente separadas, y ya solo tenían en común a sus dos hijos.

‿◠‿

En 1958, durante un viaje de Estado por Bután junto a su padre, Indira recibió la noticia de que Feroze había sufrido un ataque al corazón. Viajó de inmediato a su lado y él, conmovido, le propuso que se reconciliaran. Una vez más, la cercanía de la muerte les había hecho comprender cuán importantes eran el uno para el otro, por lo que decidieron darse otra oportunidad.

Inevitablemente sanear su relación implicaba alejarse del trabajo, de la política, así que, conscientes de ello, se tomaron un mes de vacaciones, que pasaron con sus hijos en Srinagar, en el valle de Cachemira. Fue un interludio feliz, pleno, aunque en una relación abocada al fracaso. Nada más regresar a Nueva Delhi para reincorporarse a sus puestos, la cruda realidad se evidenció una vez más: Indira había vuelto a ser candidata a la presidencia del Partido del Congreso, y esta vez estaba dispuesta a aceptar el ofrecimiento. El 2 de febrero de 1959 Indira Gandhi, con cuarenta y un años, fue elegida por unanimidad, convirtiéndose en la primera mujer en alcanzar este cargo. Feroze, indignado, regresó a su hogar y jamás volvió a pisar la residencia presidencial, donde ella siguió viviendo junto a su padre y sus hijos. Quizá para acallar el dolor de su corazón roto, Indira se volcó en el trabajo y, con el poder que le otorgaba su cargo, se embarcó en la ingente tarea de sanear la estructura de su formación política.

Muy pronto Indira demostró a aquellos miembros del Partido del Congreso, varones que llevaban años instalados en sus cargos y profundamente reticentes a la presidencia de una mujer, que aquella a la que seguían viendo poco más que como una asistente de su padre no era en absoluto manejable e influenciable, y que desde luego no iba a seguir las directrices marcadas por ellos. Indira llegaba con ánimos firmes, renovados y modernos. Había pasado mucho tiempo observando y forjando su personalidad política, y en su interior tenía fuertes convicciones sobre lo que debía hacerse. Tomó innumerables iniciativas destinadas a la modernización del país y de su estructura política y, sobre todo, al apoyo a los más desfavorecidos. Tal y como le había inculcado Gandhi, inició una gira por todo el territorio para conocer de primera mano la realidad del país desde el punto de vista de la gente de a pie y, también, tomando en consideración la opinión de las mujeres, los desfavorecidos, los miembros de las castas inferiores e, incluso, los maestros y los niños. Quiso profundizar también en las causas que habían llevado al descontento a los ciudadanos que habían elegido en el estado de Kerala, en el sur del país, a representantes de un nuevo partido marxista. Estos habían decidido modificar los programas escolares suprimiendo la figura de Gandhi y sustituyéndola por la de Mao Tse-tung.

Indira comprendió, al ver la realidad de la zona por sí misma, que muchos ciudadanos se sentían descontentos con su partido y, sobre todo, con su padre, un Nehru al que consideraban demasiado mayor, casi un vestigio de la antigua India. Comprendió que debía informarlo e influir en él para que comenzara a aplicar cambios que atajaran ese descontento e impidiesen que las nuevas fuerzas políticas, mucho más posicionadas a la izquierda, acumularan más seguidores y, por tanto, ganasen poder. Lo convenció para que volviera a situar la zona de Kerala bajo el gobierno de Nueva Delhi y lo instó a convocar elecciones. Con estas medidas, el Partido del Congreso, cuyos dirigentes en la zona rápidamente se aprestaron a restablecer la normalidad en la región, se alzaron con la victoria.

Otro de los temas que le preocupaban enormemente era la situación de tensión que se vivía en el Tíbet tras la invasión llevada a cabo en octubre de 1950 por el ejército chino bajo

*Indira, cercana por naturaleza, siempre procuró escuchar
al pueblo indio, especialmente a los desfavorecidos, y
entender sus necesidades. En la foto, ante una multitud
que la aclamaba a la salida del Congreso, en 1959.*

las órdenes de Mao Tse-tung. En aquel momento Nehru, que llevaba poco tiempo en el poder, decidió no tomar partido, consciente de que una India que hacía tan poco tiempo había adquirido la independencia no se encontraba en una posición de fuerza suficiente como para enemistarse con un vecino tan poderoso como China. Pero la situación había cambiado con el tiempo. El 10 de marzo de 1959 se produjo en la capital del Tíbet, Lhasa, un levantamiento popular contra los invasores chinos que nueve días después terminó provocando la huida del Dalai Lama hacia el exilio. Indira, valiente, no dudó en tomar partido a su favor e interceder ante su padre para que este ofreciera asilo tanto al Dalai Lama como a sus seguidores, lo que causó un enorme malestar en China.

Indira se mostraba mucho más abierta a los cambios y a atender las peticiones de la población. Esta inclinación la llevó también a prestar su apoyo a la división del estado de Bombay en dos regiones idiomáticas diferentes con base en las reivindicaciones de los habitantes de la zona, separados en dos comunidades y dos grupos lingüísticos: el marathi, que se ubicaría en el estado de Maharashtra, con Bombay como capital; y el gujarati, en el estado de Gujarat.

Todas estas medidas determinantes terminaron por afectar a su salud: comenzó a sufrir graves dolores en el abdomen, que hicieron necesaria una operación urgente en Bombay —donde se hallaba en aquel momento—, para extraerle una molesta piedra del riñón. Y, como siempre ocurría en los momentos difíciles de su relación con Feroze, este acudió raudo a su lado y permaneció junto a ella durante su hospitalización. Tras recibir el alta, se trasladó junto a Indira para ayudarla y hacerle compañía hasta que estuvo plenamente recuperada. En ese tiempo que pasaron juntos podría decirse que hallaron nuevamente la paz. Después de tantos años, habían comprendido que se seguían queriendo y apoyando, aunque les resultaba imposible vivir juntos. Eran una familia, se habían amado, seguían haciéndolo aunque de otro modo, tal vez menos apasionado, más sereno, con una madurez que los hacía sabedores de que una reconciliación que hiciera de ellos una pareja al uso era imposible. Tampoco había que olvidar que sus cargos los reclamaban. En cuanto Indira comprobó que estaba restablecida, tuvo que regresar a Nueva Delhi.

Pocas semanas después recibió una llamada urgente: Feroze había sufrido otro ataque al corazón. Aterrada ante la idea de perderlo, se desplazó de inmediato a su lado. De nuevo unidos ante la adversidad, Indira permaneció junto a él con sus hijos, Rajiv, de dieciséis años, y Sanjay, de catorce, mientras los médicos trataban de estabilizarlo. Indira repasaba toda clase de recuerdos que la unían a su compañero de vida, y su temor ante la pérdida crecía con el paso de las horas. Tras momentos de gran incertidumbre y agonía, la vida de Feroze Gandhi se apagó finalmente el 8 de septiembre de 1960. Tenía cuarenta y ocho años, e Indira acababa de perder a su único, tempestuoso y apasionado gran amor.

4

EL DESPERTAR DE LA ROSA ROJA

Para liberarse, la mujer debe sentirse libre,
no para rivalizar con los hombres, sino libre
en sus capacidades y personalidad.

INDIRA GANDHI

Los años como primera dama junto a su padre permitieron a Indira establecer relaciones protocolarias con numerosos líderes internacionales. En la imagen de la página anterior, Indira junto a Jacqueline Kennedy, la primera dama norteamericana, en su visita a la India en 1962.

La muerte de Feroze afectó a Indira de un modo profundo e inconsolable. Pese a sus continuos altibajos, sus separaciones y sus muchas diferencias, un hecho era incuestionable: desde que se habían conocido él siempre había estado ahí cuando ella lo había necesitado. Feroze era su compañero de vida: se habían ayudado mutuamente a sobrellevar la pérdida de Kamala, habían compartido la alegría de ser padres y el dolor de la enfermedad. Durante casi un año acusó la ausencia de su cómplice, aunque de cara al exterior su apariencia irradiaba tranquilidad. Esta serenidad fingida la había aprendido desde pequeña en su propio hogar, viendo a sus padres, a su abuelo, incluso a Gandhi, apretar los labios y mostrarse dignos antes de cada entrada en prisión o antes de tomar decisiones importantes. Sin embargo, en las cartas a sus amigos más cercanos, se hacía evidente la inmensidad de su pena:

¿No es extraño?, cuando te sientes lleno eres ligero como el aire, pero cuando te sientes vacío y hundido notas un inmenso peso aplastándote.

Tal y como le había ocurrido a su padre, sus obligaciones para con su país la ayudaron a mantenerse ocupada y a lidiar con su dolor. Sus nuevas responsabilidades, más su situación como primera dama, la llevaron a soportar un intenso ritmo de trabajo que la hizo viajar en 1961 a Estados Unidos. Se sintió especialmente conmovida por la situación de los indios de la reserva nativoamericana del Pueblo de Taos, en Nuevo México. Le preocupaba la apatía con la que vivían, provocada por años de maltrato y abandono por parte de las autoridades. Sobrecogida, se prometió luchar siempre por la igualdad de las personas, independientemente del origen, el género, o la condición.

A su regreso, hizo escala en París y se unió a la delegación india de la UNESCO, junto a la cual asistió a la conferencia general anual de dicha entidad. En la capital francesa hizo contactos y amistades y, por primera vez en mucho tiempo, pasó su cumpleaños fuera de la India. Permaneció en la ciudad hasta noviembre de 1961, para regresar un mes después con fuerzas renovadas, como ella misma confesaría a su biógrafa Pupul Jayakar:

> Los ataques de esta desesperación oscura acostumbran a venir, aunque es algo que siempre he tenido. Pero en general he superado esta terrible autocompasión y preocupación por mi propio dolor.

En la India, encontró a unos ministros que a duras penas lograban controlar la situación de inestabilidad que se producía en algunos territorios del Himalaya. Enseguida retomó sus responsabilidades, dispuesta a investigar las causas de los conflictos que amenazaban de nuevo a su país.

❧

Desde que Jawaharlal, a instancias de Indira, decidiera acoger al Dalai Lama en 1959, las relaciones entre la India y China, que compartían fronteras, habían sido tirantes. Ambas potencias pugnaban por reclamar territorios históricos en la región independiente del Tíbet y finalmente, tras diversas escaramuzas en posiciones de montaña en el Himalaya, la tensión desembocó en una ofensiva militar por parte de China el 20 de octubre de 1962. La contienda provocó un ataque masivo sobre Ladakh, una región perteneciente al estado de Jammu y Cachemira, que se saldó con su total aniquilación debido a los bombardeos y los combates entre el Ejército Popular de Liberación chino y diversas brigadas de infantería de las Fuerzas Armadas Indias.

En aquellos momentos el ministro de Defensa era su conocido Krishna Menon, quien destacó por su pésima gestión durante la crisis. En realidad, el ejército chino apenas había encontrado resistencia en sus ataques: las tropas indias no solo estuvieron mal organizadas en lo que a estrategia militar se refería, sino que también se encontraban mal entrenadas, peor armadas e, incluso, poco abrigadas en una zona tan gélida como los destacamentos fronterizos del Himalaya. Para detener los avances del ejército chino en su territorio, en un determinado momento se enviaron divisiones de refuerzo a las montañas, dejando las ciudades cercanas desprotegidas, algunas tan importantes económica y estratégicamente como Delhi, Calcuta y Dispur. Los habitantes temían la invasión china, y se desató el pánico. Varias ciudades fueron evacuadas y Pandit Nehru, desesperado, se vio obligado a pedir ayuda a líderes extranjeros como el presidente de los Estados Unidos, John Fitzgerald Kennedy. Ante la evidente desesperación de Jawaharlal, su desconcierto y su falta de recursos políticos, no fueron pocas las voces que lo acusaron de mostrarse débil, indeciso y poco previsor en lo relativo a la defensa del país y a la situación de desguarnecimiento de su ejército.

En ese momento el afán solidario de Indira la llevó a viajar a la zona del conflicto en un intento de escuchar a las voces contrarias a las políticas de su padre. Muchos amigos y familiares intentaron hacerla desistir, pero ella fletó un avión cargado con ayuda humanitaria y alimentos de primera necesidad y se dirigió a la ciudad de Tezpur, a menos de treinta kilómetros de las posiciones chinas que habían invadido esa zona. Quería demostrar a los habitantes de estos territorios que la India no iba a renunciar a ellos ni a dejarlos solos. También pretendía apaciguar su inseguridad ante la situación de inestabilidad, pero, sobre todo, demostrar a China que ella no se amilanaba, que no iba a encerrarse en un despacho a ver pasar los acontecimientos que afectaban a su gente. Nada más llegar a la zona, el 20 de noviembre, pudo recibir de primera mano las quejas de una ciudadanía que decía sentirse abandonada y profundamente decepcionada con la actitud del primer ministro Nehru y su gobierno. Pero Indira estaba dispuesta a mostrarse firme: permanecería allí con ellos pese al peligro, y no regresaría hasta que aquel conflicto se hubiese solventado.

A Indira no le importaba el riesgo, pero sí el defraudar a su pueblo. Sin embargo, justo ese mismo día, y como por ensalmo, las tropas chinas decidieron retirarse de manera unilateral. Mao quería humillar a Nehru y a su ejército, poner en evidencia la debilidad india y conformarse con unos cuantos destacamentos y posiciones fronterizas que consideraba legítimas. Jawaharlal nunca se recuperó del golpe político. No bastó con la dimisión de Krishna Menon. Las críticas de la oposición, los ataques de la prensa y la decepción del pueblo terminaron pasándole factura no solo a su imagen como líder, sino también a su salud. Indira pareció comprenderlo de pronto: era, en realidad, un anciano de setenta y dos años muy debilitado físicamente tras sus largas estancias en la cárcel, pero, sobre todo, anclado en el pasado en lo que a su concepción del poder, e incluso del país, se refería. Ya no eran los tiempos de la independencia. La situación política y las aspiraciones del pueblo habían cambiado, y él no parecía comprenderlo. Con sus correligionarios ya fallecidos o apartados de la política debido a dimisiones o, simplemente, reemplazados por colegas más jóvenes y ambiciosos, de pronto Jawaharlal comprendió que estaba prácticamente solo en la presidencia con el único apoyo de Indira. Se desencantó, o quizá estuviese demasiado cansado y confuso, y comenzó a delegar cada vez más cuestiones en su hija.

Indira sabía que debía proteger a su padre del acoso político al que estaba siendo sometido y, para ello, comenzó a sugerirle sustituciones, destituciones y nombramientos a fin de rodearlo de un nuevo equipo de personas fieles a él. Durante más de un año se sumergió en las intrigas gubernamentales hasta aprender a manejarse con soltura en el arte de la negociación política. Cuando el 6 de enero de 1964 dio comienzo la sesión anual del Partido del Congreso en la ciudad de Bhubaneshwar, la capital del estado federal de Odisha, Indira al fin se sentía segura y orgullosa de los apoyos políticos de su padre. Lo que Indira no podía prever, lo que nadie podía imaginar, era que en pleno acto y ante centenares de cámaras y de personas, su padre sufriría, durante uno de sus discursos, un ataque al corazón.

Para Indira fueron momentos de gran angustia, ya que, a pesar de que fue atendido y trasladado en avión a Delhi de inmediato, lo cierto es que se llegó a temer por su vida. De pronto, el país pareció comprender la trascendencia de ese hombre de estado en el destino de su nación y, durante su hospitalización, no dejaron de enviar muestras de apoyo a la familia. Al tiempo, mientras la gente de la calle se movilizaba para demostrar su respeto y preocupación, los políticos aprovechaban para, de nuevo, negociar y comenzar a tomar posiciones como sus posibles sustitutos en el futuro gobierno.

Indira no se separó de su padre a medida que su estado se agravaba. Incluso se instaló en la habitación donde estaba siendo atendido por el personal médico para permanecer junto a él. Cuatro meses y medio después, Jawaharlal Nehru, quien había conseguido la independencia de la India y quien había gobernado como primer ministro del país durante diecisiete años, murió el 27 de mayo de 1964 a la edad de setenta y cuatro años. Fue, no por menos esperado, un acontecimiento desolador para ella: su padre, con quien había mantenido una unión tan irregular como intensa durante su infancia, ante quien tuvo que aprender a mostrarse como una mujer fuerte y decidida en su juventud, su maestro, su compañero en el poder, la dejaba sola en su faceta personal y política. Es posible que Jawaharlal creyera hasta el último momento que llegaría a recuperarse, o quizá fuera todo lo contrario, que, asumiendo su cercano final, dejase de anteponer la India a su propia salud. El caso es que falleció sin haber designado un heredero político. Así, mientras Indira velaba el cadáver de su padre acompañada por sus hijos, recién llegados de Europa para despedir a su abuelo, y mientras presenciaba cómo miles de personas acudían a presentar sus respetos en la residencia presidencial de Nueva Delhi, en la habitación contigua, los más altos representantes de su partido mantenían una reunión de emergencia destinada a decidir quién sería su sucesor.

Pero nada de esto parecía importarle al pueblo, volcado en homenajear al difunto, cuyos multitudinarios funerales se celebraron cuatro días después, cuando el cuerpo, cubierto de flores, se trasladó hasta Raj Ghat para su cremación, el mismo lugar donde tuvo lugar la de Gandhi. El encargado de encender su pira funeraria fue su nieto menor, Sanjay, ante una multitud conmovida y silenciosa.

Días después, los miembros del Partido del Congreso eligieron como su sustituto a Lal Bahadur Shastri, un político de sesenta años que había sido discípulo de Gandhi y ministro de los gobiernos de Jawaharlal. Pese a todo, Shastri no quería parecer descortés con el legado de Nehru, de modo que se reunió con Indira y le ofreció el cargo de primera ministra. Ella rechazó amablemente su oferta: por una parte, no se creía preparada para ejercer dicho puesto y, por la otra, se sentía devastada por la muerte de su padre y sabía que sus rivales políticos no dudarían en aprovechar su debilidad.

Indira recibió una segunda propuesta: ocupar el cargo de ministra de Asuntos Exteriores en el nuevo gobierno. Sus compañeros de partido consideraban que sus numerosos viajes de estado junto a su padre le habían otorgado una experiencia indispensable para desarrollar dicho puesto. A Indira le parecía un ministerio demasiado exigente, importante y absorbente, y rechazó el ofrecimiento. Reclamó, sin embargo, un ministerio más discreto: el de Información y Radiodifusión.

Así pues, el 9 de junio de 1964, Shastri se convertiría en el segundo primer ministro del país, e Indira en la primera mujer ministra de la India. No obstante, antes de volcarse en las tareas propias de su cargo, todavía tenía una misión personal más importante que cumplir. Justo un mes después de la cremación de su padre, Indira inició un viaje en tren destinado a llevar la urna con sus cenizas a su ciudad natal, Allahabad. Habría querido que aquel fuera un viaje solitario e íntimo en el que rememorar los días felices junto a su padre y recuperar sus recuerdos en una suerte de última travesía de ambos, juntos de algún modo en sus sentimientos, pero también físicamente. Sin embargo, no le resultó del todo posible: alertados de aquel viaje por la prensa, a ambos lados de las vías del tren se agolpaban, allí por donde este pasaba, multitudes de ciudadanos deseosos de ofrecer su última despedida a Pandit Nehru, el hombre sabio y paciente que los representaba. El viaje, que inicialmente tenía una duración de diez horas, acabó tomando veinticinco, pues el tren se vio obligado a realizar innumerables paradas en cada estación durante el trayecto. Ya pertenecieran a grandes ciudades o a pequeños pueblos, todas las estaciones estuvieron atestadas de millares de personas que seguían llorando a Jawaharlal.

Indira tuvo que despedir a muchos seres queridos a lo largo de su vida. De todos ellos, la pérdida de su padre significaba no solo el abandono en lo personal, sino también en lo político. En la imagen, padre e hija en París, en 1962.

Indira comprendió que este era mucho más que su padre. También había sido, en cierto modo, el de todo el país, y aquellas personas eran, por tanto, más que sus compatriotas. Con independencia de su casta, de su edad, de su posición, podía considerarlos como su familia. Y, por ellos, debía continuar luchando.

Cuando al fin el tren llegó a su destino, Indira unió una parte de las cenizas de Nehru a las de Kamala, y se dirigió a la confluencia de los ríos Ganges y Yamuna, donde arrojó el resto de las cenizas. Al fin, sin cárceles ni enfermedades, sin banderas ni religiones, ni luchas, ni política, sus padres estaban juntos.

✺

Quizá para sobrellevar la pena, puede que para poner en práctica todos sus conocimientos políticos tras años de aprendizaje en la trastienda del poder, o tal vez debido a su enorme vocación de servicio público a su país, Indira se volcó con todo su ahínco en su labor como ministra promoviendo numerosos cambios destinados a modernizar su ministerio. Para ello, ascendió a jóvenes talentosos para diversos cargos frente a los anquilosados funcionarios del partido. Se involucró en el cine, procurando aligerar la pesada carga de la censura y el puritanismo para dejar mayor libertad a los directores a fin de fomentar su desarrollo y creatividad, y buscó, en general, apoyar el crecimiento de la cultura de su país en todas las facetas artísticas y comunicativas.

En cuanto a su vida, no tardó en abandonar Teen Murti Bhavan, la residencia en la que había convivido con su padre en Delhi, ahora demasiado grande e impersonal para ella. Se mudó a otra más pequeña en la que pronto comenzó a organizar reuniones culturales y políticas con sus amigos y colaboradores más cercanos. Llevaba una existencia tranquila y relativamente feliz, volcada en su ministerio y sin grandes sobresaltos: era el suyo un cargo menor y tranquilo en el que, sin embargo, se sentía realizada personal y profesionalmente. Pese a todo, su quehacer político en esa época no estuvo exento de polémicas. Como responsable de las comunicaciones de su país, cuando Indira instauró el inglés como lengua oficial de la nación, una medida con la que algunos estados del sur no estaban de acuerdo, tuvo que lidiar con la ardua tarea de pacificar las diferentes posturas respecto a este tema. Mitigó las tensiones de forma excepcional, y el éxito supuso un enorme hito político para ella, que ganó popularidad especialmente en la zona sur del país, antes contraria a la medida.

Otra de sus tareas más absorbentes en esa época fue la organización de una exposición que, a nivel internacional, mostró los principales acontecimientos personales y políticos de la vida de su progenitor. La exposición, que contenía numerosos objetos de gran valor simbólico, como el sari de boda de Kamala o la rueca con la que Jawaharlal tejía en la cárcel, se inauguró en Nueva York con la inestimable colaboración del arquitecto Charles Eames en el diseño del espacio. Tras Nueva York, la exposición viajó a Rusia e Inglaterra, concretamente a Londres, donde el primer ministro Harold Wilson se encargó de la inauguración. Allí, a principios de 1966, Indira aprovechó para reunirse con sus hijos.

El mayor de ellos, Rajiv, le brindó una sorpresa inesperada. Se trataba de Sonia Maino, una joven periodista nacida en Lusiana, un pequeño pueblo en la región del Véneto italiano.

∽.∾

Sonia y Rajiv se habían conocido en enero de 1965 en Cambridge, en Varsity, el restaurante de moda en el que ella trabajaba como camarera, y ambos quedaron prendados del otro al instante. Sonia acababa de cumplir dieciocho años y había acudido a la ciudad para trabajar como *au pair* y perfeccionar su inglés en una escuela de idiomas para extranjeros con la intención de convertirse en azafata de vuelo. Él, por su parte, era dos años mayor y estaba estudiando la carrera de Ingeniería Mecánica en el Trinity College. El suyo había sido, tal y como ella revelaría más adelante, un amor a primera vista que ambos habían llevado con la máxima discreción habida cuenta del abolengo político de él y del origen extranjero de ella. Estaban decididos a oficializar su unión, pero ¿cómo se tomaría la relación un país que ya había cuestionado la boda de su madre con Feroze por sus diferentes orígenes? Y, sobre todo, ¿cómo se la tomaría Indira?

Sonia estaba muy nerviosa ante la perspectiva de conocerla. Temía que su reacción fuera similar a la de su padre. Stefano Maino, un albañil radicado en Orbassano, una ciudad cercana a Turín, que había sabido hacer prosperar su negocio hasta convertirse en un industrial de la construcción de posición desahogada. Cuando Sonia le habló de Rajiv, de su profundo amor y de su intención de casarse, Stefano montó en cólera. Él era profundamente católico (durante la Segunda

Guerra Mundial había mostrado su apoyo a Mussolini y no ocultaba sus simpatías hacia el fascismo) y se opuso con firmeza a aquella unión tan dispar manifestando que le importaba bien poco quién fuera ese indio, o su madre, o su abuelo, porque estaba irrevocablemente decidido a que sus tres hijas se casaran en una iglesia católica.

Rajiv había preparado con cuidado el encuentro, pero Sonia era demasiado joven y tímida y sintió un repentino ataque de pánico que obligó a posponer la cita. La atemorizaba el hecho de que Indira fuera toda una ministra. Finalmente, y con la excusa de la inauguración de la exposición de Jawaharlal, la presentación tuvo lugar en los aposentos de Indira en la embajada india en Londres.

Nada más conocerse, la simpatía fluyó entre ambas:

—Yo también fui joven, y tímida, y estuve profundamente enamorada —le desveló Indira a Sonia mientras la estrechaba entre sus brazos.

Sonia diría mucho tiempo después que sintió cómo una corriente de amor, complicidad y entendimiento las recorría. No en vano ambas estaban unidas por su profundo amor por Rajiv, que estaba totalmente dispuesto a casarse al término de sus estudios.

Lo único que le preocupaba a Indira era la fortaleza del carácter de Sonia: no ignoraba que para ella la India era un lugar totalmente desconocido y que necesitaría una enorme fuerza de voluntad para sobreponerse a todas las trabas que ellos, como Indira y Feroze, también encontrarían.

Parecía que, finalmente, Rajiv iba a ser el primer miembro de la dinastía Nehru que conseguiría alejarse de un destino predeterminado por su origen. Indira, al ver la ilusión de la pareja, regresó a la India reconfortada por una esperanza: se iban a formar un nuevo matrimonio y una nueva familia. Ella aún no sospechaba lo mucho que iba a apreciar y a confiar en la joven mujer que acababa de entrar en su vida. A diferencia del trato que sus tías o su abuela habían dispensado a Kamala, Indira estaba decidida a acoger con cariño a Sonia, y, con un poco de suerte y tiempo, tendría nietos.

Incapaz de hacerla cambiar de idea y renunciar a su relación, Stefano, como padre de la novia, impuso sus propias condiciones para el enlace, como había hecho Jawaharlal más de veinte años atrás con Indira. Le sugirió que, al menos, esperase a cumplir la mayoría de edad, que en aquel momento en Italia se situaba en los veintiún años, antes de tomar una decisión definitiva. Confiaba, como había hecho el padre de Indira, que con el paso del tiempo Sonia se desencantaría de aquel enamoramiento que él consideraba absurdo.

∽∾

El retorno de Indira a la India estuvo motivado por nuevos ánimos y esperanzas que no se empañaron por los sempiternos problemas políticos con los que se topó a su retorno. Los choques fronterizos con Pakistán, que invadió la región india de Cachemira el 5 de agosto de 1965 —se estima que entre veinticinco mil y treinta y tres mil soldados pakistaníes pasaron a este territorio—, provocaron la contraofensiva india. Con el recuerdo aún vivo del fracaso del ejército indio en su choque contra las fuerzas chinas en el Himalaya, esta vez la reacción fue contundente y dio comienzo a una guerra que en apenas dos meses, entre agosto y septiembre, causó considerables bajas en ambos bandos. La magnitud de la contienda fue tal que diversos mandatarios internacionales se apresuraron a solicitar un alto el fuego por temor a que la población civil se viese afectada. Indira, una vez más, no dudó en acudir a las zonas asoladas por el conflicto para dar apoyo a sus habitantes. A su regreso, abogó ante el primer ministro Shastri en la defensa de una solución pacífica, que llegó gracias a la mediación internacional. En los primeros días de 1966 se celebró una cumbre indo-pakistaní en la ciudad uzbeka de Tashkent que se saldó con un pacto firmado, gracias a la intermediación del gobierno soviético. Ambas partes acordaron repartir y devolverse diversos territorios fronterizos en conflicto y sellar una paz que parecía, a todas luces, muy provisional. Sin embargo, de nuevo los acontecimientos sufrieron un giro inesperado: solo un día después de firmar este acuerdo con Ayub Khan, el presidente pakistaní, un fulminante ataque al corazón terminaba con la vida de Shastri y, de nuevo, se abría un intenso debate en el Partido del Congreso sobre quién sería designado como nuevo primer ministro de la India.

De todos los posibles candidatos, quien parecía más proclive a conseguir hacerse con el poder era Morarji Desai, que solo dos años atrás ya había competido con el ahora difunto Shastri por dicho cargo. Pero Desai era autoritario, orgulloso, de carácter fuerte. Debido a ello, Kumaraswami Kamaraj, en aquel momento presidente del Partido del Congreso, temió que, de ser designado, llevara al país a nuevos enfrentamientos con Pakistán, abocando al fracaso la frágil y recién hallada paz. Consciente de que el país no soportaría nuevas contiendas de una manera continuada, Kamaraj optó por buscar un candidato menos belicoso y más juicioso, que antepusiera el bienestar del pueblo al afán conquistador y guerrero y que resultara, también, manejable de cara a los intereses del partido.

Fue en esta tesitura donde surgió con fuerza el nombre de Indira. ¿Quién mejor que ella, que conocía a los principales líderes mundiales y cuyo interés se centraba en lograr las mejores condiciones de vida para todos los habitantes de la India, para convertirse en una primera ministra de transición hasta la celebración de nuevas elecciones en 1967? Indira se enfrentaba a una tesitura complicada: la de ocupar el puesto que durante tantos años había pertenecido a su padre. Si aceptaba, sería la primera mujer en asumir este cargo en un país que no se caracterizaba precisamente por el buen trato a las féminas.

Kamaraj acudió a visitarla dispuesto a usar todos los argumentos necesarios para convencerla, sabedor de que en otras ocasiones se había negado a ostentar ese puesto. Le ofreció su apoyo incondicional y, obviando sus propias intenciones en el futuro, le aseguró que estaba más que cualificada para el cargo. Y contra todo pronóstico, Indira aceptó. No porque creyera a Kamaraj ni porque no sospechara de sus intenciones de utilizarla y manipularla para sus propios fines, sino porque después de tantos años en política, se había convertido en la mejor alumna de su padre y sabía que tenía que aprovechar las circunstancias para cambiar la India para siempre. Sentía que había llegado su momento. Albergaba planes para su joven país. Había decidido que era hora de llevar a cabo reformas y cambios que afectaran de verdad a la vida de la gente, al bienestar de las personas de a pie que conformaban su amado país. Estaba dispuesta a aprovecharla para, después, ya en el poder, sacar a relucir sus verdaderas y propias ideas, no las de quienes pretendían auparla y luego dirigirla como a una marioneta. Indira, aunque Kamaraj y sus acólitos no lo sospechaban, era más diestra en política que ellos, y en las elecciones del 19 de enero de 1966, obtuvo trescientos cincuenta y cinco votos a favor, frente a los ciento sesenta y nueve emitidos por los simpatizantes de Morarji Desai. Cinco días después juró su cargo en una solemne ceremonia seguida por radio desde todos los rincones del país. Indira se proclamó primera ministra de la India y la gente se echó a las calles para celebrarlo al grito de «¡Larga vida a la rosa roja!», que era el sobrenombre por el que muchos la conocían. Este apelativo hacía referencia a la conocida costumbre de su padre de lucir una flor de estas características prendida en el ojal de su chaqueta, a la altura del corazón.

Indira tenía cuarenta y nueve años, era aclamada y adorada por la gente de la calle, también minusvalorada por algunos de sus compañeros de partido. Pero, por encima de todo, al fin había asumido su destino: estaría al frente del Gobierno y lo haría como la primera mujer en ocupar el puesto de primera ministra de la India.

✦

Indira no tardó en comprender que desde su mismo partido la intención de muchos de sus correligionarios pasaba por mostrar un inequívoco continuismo que, a la hora de la verdad, limitaba, y mucho, sus iniciativas y su campo de acción. El mismo Kamaraj le manifestó directamente y sin ambages que no era recomendable introducir cambios sustanciales nada más llegar al Gobierno. Desde su punto de vista le sugirió conservar a los ministros designados por Shastri y dedicarse a solventar asuntos mucho más urgentes. En efecto, la India estaba pasando por un momento extraordinariamente complicado debido a la terrible sequía que asolaba el país y las consiguientes hambrunas originadas por la pérdida de numerosos cultivos.

En este estado de cosas, con la población enervada y desolada debido a la escasez de alimentos, los partidos de la oposición redoblaron sus ataques al Partido del Congreso y, como no podía ser de otro modo, en especial hacia Indira. Con los nervios a flor de piel, no tardaron en surgir revueltas y manifestaciones que incrementaron todavía más el tenso ambiente que se vivía en todo el país. Como si de diferentes focos de un incendio se tratase, Indira se veía superada por las circunstancias y los conflictos que se sucedían en todas las regiones y que, en el fondo, tenían mucho más que ver con la situación de carestía que con la política.

En Kerala, en el extremo sur del país, comenzaron a organizarse revueltas ante la falta de arroz. En Delhi los *sadhus,* los ascetas hindúes, tomaron las calles para reclamar que la prohibición de sacrificar vacas (animal que consideraban sagrado) se extendiera a todo el país, lo cual chocaría con el principio de libertad de acción para los estados respecto a esta materia establecido en las leyes indias.

Y en el Punyab, la población se hallaba cada vez más enfrentada entre los seguidores de dos religiones que, a su vez, se identificaban con dos comunidades lingüísticas diferentes. De un lado estaban los sijs, que hablaban punyabí, y del otro los hindúes, que hablaban hindi. Los sijs reclamaban que, al igual que había ocurrido con Bombay, se promoviera la división del Punyab en dos estados diferentes atendiendo a sus diferencias y, sobre todo, ante el temor de que el hindi, mucho más preponderante, acabara arrinconando al punyabí, así como a su cultura. No se trataba de una reivindicación reciente. De hecho, ya se había reclamado una medida similar cuando, en 1956, Nehru ordenó reorganizar los estados indios con base en factores lingüísticos y se negó a atender la demanda por temor a que cundiera el ejemplo en otros estados del país y provocase la disgregación de la India. Ahora, diez años después, las protestas volvían con más fuerza que nunca y adquirían un nuevo cariz, pues los sijs habían comenzado a usar para sus reivindicaciones un método de presión tan poderoso como popular: las huelgas de hambre. Pero no solo sus formas habían cambiado: también lo había hecho la situación.

Durante la reciente guerra con Pakistán de 1965 los punyabíes habían demostrado un gran valor y arrojo, y para agradecérselo, en marzo de 1966, apenas dos meses después de inaugurar su mandato, Indira decidió atender a sus peticiones y dividir el estado del Punyab en dos. Allí se radicarían los sijs, y su lengua oficial sería el punyabí, y en el otro, Haryana, habitarían los hindúes de lengua hindi, mucho más numerosos. Esta medida, lejos de solucionar los disturbios y enfrentamientos, los agravó, azuzados por el partido de extrema derecha Jan Sangh, muy contrario a Indira. Bajo sus arengas, los hindúes comenzaron a asaltar, saquear e incendiar los negocios sijs en Nueva Delhi, en franca minoría en aquella ciudad.

Para detener la escalada de violencia, Indira decidió viajar a la ciudad, donde dio claras consignas para reprimir los disturbios y detener a los cabecillas que agitaban a las masas. Durante una breve temporada los conflictos cesaron, pero de nuevo se recrudecieron cuando los dos recién creados estados pasaron a disputarse la antigua capital del Punyab, la ciudad de Chandigarh. La única manera que halló Indira de acallar los enfrentamientos pasó por declarar a la ciudad «territorio de la unión» para así evitar convertirla en la capital de ninguno de los dos estados.

Nada más convertirse en primera ministra, una de sus decisiones más inmediatas fue la de no ceder a ningún tipo de violencia o presión. La fuerza no sería un arma contra ella, como dijo: «No se le puede dar la mano a quien tiene el puño cerrado». Ahora bien, la negociación sí era una alternativa —y una solución rápida y poco dolorosa— a sus problemas. Así pues, viajó a las zonas en conflicto, pidió poder hablar sin cortapisas con la gente de la calle y, después, con los líderes políticos que encabezaban ambos bandos hasta poder llegar a un acuerdo. Este, si bien no satisfacía plenamente a las partes en cuestión, servía para alejar la violencia de las calles y de la gente de a pie.

El enorme problema del hambre, sin embargo, era mucho más acuciante, y su solución no dependía de negociaciones ni de diplomacia porque, simplemente, de lo que se trataba era de conseguir grano para acabar con las innumerables muertes por inanición que no dejaban de sucederse. Seguía sin llover, la sequía se prolongaba e Indira estaba cada vez más desespe-

Para ganarse el respeto que años atrás habían conseguido sus antecesores, Indira asumió su destino con valentía y firmeza. A la izquierda, junto a su mentor K. Kamaraj. A la derecha, muestra sus respetos ante su opositor M. Desai. Abajo, Indira defiende su postura ante un crítico de las autoridades civiles.

rada debido a que todas las soluciones que intentaba buscar no parecían arreglar nada. Esta situación llevó a Kamaraj a intervenir y a desautorizarla, haciéndola parecer inoperante. La salvación llegó, inesperadamente, del exterior: el presidente de los Estados Unidos, Lyndon B. Johnson, que sucedió al malogrado John F. Kennedy, invitó a Indira a viajar a su país, y esta aceptó de inmediato. Su encuentro fue cordial, ya que ambos estaban predispuestos a entenderse llevados por sus respectivas necesidades: él deseaba fortalecer la relación de su país con la India tanto como evitar que Indira estrechara lazos con naciones rivales para ellos.

Ella, por su parte, llegaba movida por deseos mucho más pragmáticos: acabar con el hambre de su país. Regresó con la promesa del presidente estadounidense de que enviaría barcos cargados de grano, así como varios millones de dólares de ayuda, a cambio de que la India rompiera relaciones comerciales con Cuba y Vietnam. También trajo con ella un consejo que le había dado el presidente y que habían ratificado los directores del Banco Mundial y de la Fundación Monetaria Internacional con el apoyo también de Leonid Brézhnev, secretario general del Partido Comunista de la URSS: devaluar la moneda nacional india, la rupia, a fin de ayudar a la economía del país a recuperarse. El anuncio de la devaluación llegó por sorpresa a todo el país la mañana del 6 de junio de 1966.

∽∾

De pronto esa mujer, a la que muchos miembros de su partido habían votado como primera ministra por considerarla fácilmente manipulable en función de sus propios intereses (principalmente económicos), se había mostrado como una dirigente independiente, osada, con iniciativa, capaz de tomar sus propias decisiones aun a sabiendas de que serían impopulares. Y lo más sorprendente fue que lo hizo sin dejarse doblegar por las fuertes presiones que halló y sin ceder ante los intereses de los bancos, las empresas y, en general, de los poderosos. Indira pensaba en la gente de la calle, en los desfavorecidos, en las madres desesperadas que no tenían qué dar de comer a sus hijos.

Y, sin embargo, esa decisión, aun granjeándole un respeto a su altura política antes impensable para ella, hizo que le llovieran críticas, protestas y reproches desde todos los sectores: sus propios compañeros le echaron en cara no haberlos tenido en cuenta a la hora de dar ese paso y ni siquiera haber informado con anterioridad a Kamaraj, que se consideraba su mentor político. Los sectores más nacionalistas le reprocharon haberse dejado guiar por los consejos de dirigentes extranjeros a la hora de tomar una medida tan relevante para el país e, incluso, haber rebajado el valor de su moneda, un símbolo nacional. En cuanto al común de los ciudadanos, en quienes Indira había pensado al tomar esta decisión, pronto comenzaron a protestar porque la devaluación de la rupia conllevaba, además, otras medidas económicas fuertemente restrictivas que en un primer momento agravaron su situación en lugar de mejorarla.

Indira era considerada una traidora en su país. Sus detractores la acusaban de haber roto la política de no alineación de la India mantenida durante toda su carrera política por su padre, que garantizaba una posición neutra respecto a las dos superpotencias enfrentadas en ese momento a nivel mundial: los Estados Unidos y la Unión Soviética. Ninguno de estos líderes políticos, ya fueran opositores o miembros de su propio partido, revelaban a su electorado que en el fondo, pese a su muy evidente disparidad ideológica con Indira en algunos casos, lo que más reprobaban era su feroz independencia. Indira no se había dejado aconsejar por ninguno de ellos, sino por líderes políticos y mandatarios extranjeros. Tampoco había tenido en cuenta sus necesidades, no ya únicamente las económicas —muchos de los miembros del Partido del Congreso eran hombres que habían acumulado fortunas nada desdeñables que perderían gran valor con la devaluación—, sino, y sobre todo, las políticas. Como primera ministra, no estaba sujeta de un modo propiamente dicho a unas elecciones, pues su cargo, tal y como recoge la Constitución de la India, deriva directamente de la designación del presidente, que sí es un cargo electo. El primer ministro, según este sistema, es quien preside el Consejo de Ministros y quien se ocupa de facto del cumplimiento de las decisiones tomadas por el ejecutivo. Lo habitual siempre ha sido que ostente este cargo el líder del partido en el poder. Pero, a la hora de la verdad, no se somete al voto, y por tanto es posible que se dé la circunstancia de que las medidas impopulares que tome un primer ministro afecten directamente a su partido y a sus compañeros de cara a unas elecciones. Esto era precisamente lo que estaba ocurriendo en la India, en un momento especialmente difícil y duro, con la ciudadanía descontenta, los ánimos exaltados y las elecciones previstas para 1967.

Con sus ideas progresistas, su aperturismo, sus contactos extranjeros, su independencia política, su obstinación por anteponer los intereses de la población a los del partido, no solo había dejado de ser la mujer dócil y manejable que ellos pensaron que sería, sino que no se conformaba con el papel que le habían destinado. Ellos querían a una Nehru simbólica, que aglutinara el fervor popular, que mostrara la cara amable, que hiciera suyos los símbolos de su dinastía y les dejara a ellos la tarea de gobernar. Indira, en cambio, no solo había mostrado una firmeza inusual a la hora de encarar su tarea, sino que contaba con ideas y propósitos propios y la iniciativa necesaria para llevarlos a cabo ignorando sus directrices. Esto era absolutamente devastador para ellos en una India empobrecida y asolada por el hambre y en la que, además, comenzaban a surgir de manera preocupante nuevos partidos opositores que amenazaban cada vez más con echar por tierra la hegemonía tradicional del suyo. Había que detenerla como fuera, se decían: a cada decisión, a cada paso, las expectativas del Partido del Congreso de obtener votos en las próximas elecciones disminuían. Pero Indira era imparable: había sido lo suficientemente inteligente como para nombrar ministros afines que la apoyaban y para, de puertas adentro en el partido y en el ejecutivo, practicar una política de hechos consumados. Indira, en efecto, consultaba sus decisiones solo con sus más allegados, de una fidelidad inquebrantable, y meditaba muy largamente sus pasos sin comentarlos con casi nadie. Cuando había algún problema, alguna medida que presentar, daba la callada por respuesta si la interpelaban desde el partido. Sus compañeros solo se enteraban cuando hacía públicas estas decisiones, al mismo tiempo que el resto del país y de la prensa, y, por tanto, sin que hubiera la posibilidad de dar marcha atrás. Era una maestra en el arte del silencio. Era una gobernante ingobernable. Su única lealtad era para con la India, no para con su partido.

En el segundo año de sequía, la carestía en todo el país se agravó, e Indira decidió que su principal, su única prioridad, era procurar alimentos para su gente. Los barcos estadounidenses cargados de grano y cereales enviados por Johnson paliaron temporalmente la gravísima situación, pero Indira comprendió con amargura que debía posponer uno de sus principales objetivos como gobernante en pos de la toma de medidas de primera necesidad. Así, en lugar de promover la renovación industrial del país, que para ella era requisito indispensable para hacer de la India una potencia mundial autónoma e independiente económicamente, decidió emprender una revolución agrícola que más adelante se bautizaría como la «revolución verde».

Dejándose de nuevo asesorar por expertos ingenieros agrícolas estadounidenses pertenecientes a la Fundación Ford, se decidió a importar y promover en la India el cultivo de semillas de alto rendimiento probadas con éxito en otros países como Filipinas y México. Pero no bastaba con eso: también se debía extender el uso de fertilizantes químicos y nuevos sistemas de riego y, tal vez la medida más polémica, este sistema debía comenzar por implantarse en zonas concretas para aunar esfuerzos y recursos en vez de extenderse al mismo tiempo por todo el país.

Con todo, estas nuevas políticas agrarias no tardaron en dar sus frutos: entre 1967 y 1968 se demostró que la producción agrícola en las zonas en las que se había implantado la revolución verde había aumentado en un veintiséis por ciento, lo que incrementó a su vez la renta nacional en un nueve por ciento y conllevó, incluso, una mejora de la actividad industrial. También trajo, sin embargo, problemas: al no haberse podido aplicar en todos los estados de la India, se incrementaron las desigualdades entre ellos. Mientras en Punyab o Haryana la producción agrícola crecía exponencialmente, otras zonas como Bengala se quedaban atrás, con una población cada vez más empobrecida que seguía con el sistema de cultivo tradicional.

Por otra parte, tal y como estaba establecido el reparto de riquezas en el país, tradicionalmente muchos de los beneficios económicos derivados de las innovaciones agrícolas terminaban en manos de los propietarios de las plantaciones, terratenientes que acumulaban tanto poder adquisitivo como económico y que seguían explotando de la misma manera a los ciudadanos más pobres, a quienes empleaban como mano de obra barata. Si bien es cierto, objetivamente, que a medio y largo plazo se reconocieron los beneficios de la revolución verde de Indira, la realidad a finales de 1966 era que, pese a sus esfuerzos por gobernar por y para todos y hacer de su país un lugar mejor, sus decisiones parecían cuestionables o directamente erróneas, y su liderazgo se veía amenazado no solo por una oposición cada vez más numerosa, activa y decidida, sino también por los miembros de su propio partido. Indira era una líder incómoda y el blanco fácil de las críticas. No tardaron en publicarse artículos en los medios indios en los que se hablaba abiertamente de la decepción que suponía para su dinastía frente a las figuras de su padre, de su abuelo y de sus mentores, Gandhi y Tagore. Y, en última instancia, el reaccionarismo alcanzó su máxima expresión por su condición de mujer. Se le achacó estar poco preparada y ser débil de carácter, lo que resultaba irónico porque precisamente, lo que no soportaban sus rivales ni sus propios correligionarios, era su carácter independiente, firme e indómito. Y, quizá lo más doloroso para ella: se la acusó de ser poco patriota debido a la fluidez y facilidad de sus relaciones con mandatarios extranjeros, a su saber hacer en la diplomacia internacional e, incluso, al hecho de haber sido educada durante buena parte de su infancia y adolescencia en Europa.

No obstante, desde el exterior del país se había saludado su nombramiento con esperanza. Sus primeras decisiones habían sido consideradas a nivel internacional valientes y coherentes, firmes y duras, pero necesarias. No en vano, el 28 de enero de 1966, solo cuatro días después de su elección como primera ministra, la prestigiosa revista *Time* le había dedicado una de sus icónicas portadas con el titular «La turbulenta India en las manos de una mujer». Indira, que en su elección había sido aclamada por la muchedumbre con el lema «Indira es India, India es Indira», era ahora considerada poco india.

Y, sin embargo, aunque el mundo parecía desmoronarse a su alrededor, no flaqueó. Obstinada, decidida y dispuesta a hacer frente a la oposición general, estaba determinada incluso a sacrificar su reputación con tal de garantizar una vida mejor para su pueblo. Indira lucharía por ellos porque eran esas gentes, tal y como le había enseñado Gandhi, quienes componían en realidad la India, y, le pesara a quien le pesase, Indira era su voz.

5

INDIRA ES INDIA

Ninguna nación puede fallar
cuando decide hacer algo y lo hace unida.

INDIRA GANDHI

*En la imagen de la página anterior,
Indira rodeada de niñas en Rayastán,
Nueva Delhi, en 1967. Ese fue un
año especialmente difícil para ella.*

Las elecciones de los miembros del Lok Sabha, el parlamento indio, tuvieron lugar entre el 17 y el 21 de febrero de 1967. Indira estuvo inmersa en una extenuante gira por todo el país para pedir el voto para el partido que lideraba, pese a que muchos de sus miembros renegaban de ella como primera ministra y parecían dispuestos a sustituirla por un candidato menos indómito y moldeable.

Pero no eran los únicos descontentos: sus mayores detractores estaban en la calle, entre los ciudadanos a los que ella quería proteger y que, tras dos años de sequía, mostraban públicamente sus discrepancias para con el Gobierno de Indira. En el transcurso de un mitin en la ciudad de Bhubaneshwar, en el estado de Orissa (actualmente Odisha), varias personas entre el público comenzaron a arrojar piedras poco antes de que comenzara su intervención. A los pocos minutos de empezar su discurso, una de las piedras terminó impactando en su cara, rompiéndole la nariz. Con el rostro ensangrentado, Indira siguió con el acto sin interrumpirlo ni siquiera para limpiarse la sangre que corría por sus mejillas. Valiente y firme, no solo no se retiró, sino que, lejos de amedrentarse, se atrevió a explicar que, en realidad, no era a ella a quien se estaba faltando al respeto con ese acto sino a todo el país, pues precisamente eso representaba su cargo. Ella, como primera ministra, *era* la India y, por tanto, era a la nación a quien estaban atacando.

Indira se negó a cancelar los actos ya programados y siguió adelante con el rostro semicubierto por vendas blancas que cubrían su frente, sus mejillas y su nariz y que hacían de ella, como decía en broma, «una versión de Batman, pero con máscara blanca». Finalmente el Partido del Congreso volvió a ganar las elecciones. En 1967 el Lok Sabha estaba formado por quinientos veinte escaños, de los cuales un cincuenta y cuatro por ciento fue ocupado por los miembros del partido de Indira, superando la mayoría exigida para gobernar con una cierta estabilidad. Sin embargo, su victoria fue amarga: habían perdido setenta y ocho escaños respecto a las pasadas elecciones, lo que significaba un retroceso alarmante. Indira, consciente de la inestabilidad que planeaba como una sombra sobre ella, con su partido enormemente mermado y una fuerte división interna, optó por ofrecer un puesto en su gabinete a su antiguo rival por el cargo, Morarji Desai, que finalmente aceptó ser el nuevo ministro de Finanzas.

Pese al descalabro electoral, un nuevo mandato se abría para Indira, algo que ella encaró como una nueva oportunidad de realizar cambios en el país e, incluso, de modernizar su propio gabinete de gobierno. Optó por designar a políticos más jóvenes, que oponían estudios y una actitud moderna e innovadora al inmovilismo y la antigüedad política de otros diputados. Sin embargo, prudente y conocedora de primera mano del valor de la experiencia, así como consciente de los enormes retos a los que debía enfrentarse su país, decidió mantener a algunos viejos camaradas y hacerlos convivir en su gabinete con los recién incorporados.

Junto a todos ellos, una Indira cada vez más segura de sus decisiones debía hacer frente a la gran odisea de reflotar la economía. La India se hallaba inmersa en varios conflictos, como sus continuos enfrentamientos y roces con la vecina China, debido a las frecuentes disputas por el territorio y las fronteras. Esto llevó a Indira a reforzar el gasto en defensa y armamento hasta el punto de incrementar el presupuesto destinado a la investigación en energía atómica con vistas puestas en la creación de armas nucleares.

En cuanto a los conflictos internos del país, a las devastadoras consecuencias de la sequía y las hambrunas se sumaba la cada vez mayor disgregación en el terreno político de la oposición, dividida ahora en varias formaciones que abarcaban muy diversas posturas dentro del arco parlamentario e, incluso, la posibilidad, cada vez más cercana, de la propia escisión en el seno del partido del Congreso. Las luchas intestinas por el poder no dejaban de evolucionar debido a las alianzas entre los hombres del partido, propiciadas también por el trato que Desai dispensaba a la primera ministra.

Desai, veintiún años mayor que Indira, a menudo se dirigía a ella haciendo gala de un paternalismo que no solo desvirtuaba su peso político, sino que, además, la exasperaba y, frente a los otros ministros, no hacía más que minar su autoridad. Como revelaría en sus memorias el político y escritor Dwarka Prasad Mishra, jefe de gobierno del estado indio de Madhya Pradesh entre 1963 y 1967, Desai «seguía pensando que Indira, una mujer de cincuenta años que ocupaba la oficina del primer ministro, era una chiquilla». Considerándola como tal, a menudo solía decirle a modo de confidencia al propio Mishra frases relativas a ella del tipo: «La niña no me escucha». Aunque tal vez su mayor encontronazo público tuvo lugar en mayo de 1967 en el transcurso de una reunión en la que Desai la interrumpió en directo señalando: «*Indiraben* (que podría traducirse como «Indira, hija mía»), tú no entiendes de esta materia. Déjame lidiar a mí con esto», lo que provocó que el rostro de ella palideciese de rabia, aunque, por educación, le permitió continuar hablando.

Además de discrepar respecto al mantenimiento del uso del inglés como una de las lenguas oficiales de la India, sus mayores enfrentamientos nacían de su diferente perspectiva respecto a la nacionalización de los bancos, a la que Desai se oponía fervientemente y que Indira apoyaba con convicción. En cambio, en lo que Desai no podía competir con Indira era en su dominio de las relaciones diplomáticas internacionales, un aspecto prioritario para ella y que la llevó a viajar fuera de la India con frecuencia. Así, tras un ajetreado período de viajes al extranjero, Indira regresó a la India extenuada, pero también contenta e ilusionada debido al anuncio de la inminente boda entre su hijo Rajiv y Sonia. Su noviazgo no había estado exento de vaivenes y provocó, incluso, una ruptura originada por la lealtad de Sonia a su padre.

~⌒~

A lo largo de 1966, el rechazo de Stefano a la relación de su hija con Rajiv se había intensificado. Sonia, a diferencia de la joven

Indira que en 1941 no había dudado en plantar cara a su progenitor con tal de defender su amor por Feroze, no hallaba el valor para oponerse a él, ni encontraba la fuerza necesaria para contrariarlo. Rajiv, cansado de esperar a que ella diera un paso a favor de su relación, tomó la decisión de regresar a la India y pronto comenzó a prepararse en Hyderabad, en el centro-sur del país, para convertirse en piloto de aviación. Sonia, por su parte, regresó al hogar familiar en Turín. Allí, comenzó a echar de menos a su prometido y comprendió hasta qué punto lo amaba. Decidida al fin, al margen de las presiones de su padre, tomó una determinación: amaba a Rajiv y se iba a casar con él.

Así, pasó todo el año 1967 en Italia y, tal y como le había jurado a Stefano, esperó a cumplir los veintiún años para, en enero de 1968, tomar un avión con destino a Nueva Delhi dispuesta a unirse a la familia más importante de la India. Para su reconciliación, y en compensación de todo lo que ella había sacrificado al apostar por la relación, Sonia puso una sola condición a Rajiv: que no se dedicase a la política.

La ceremonia se celebró el 25 de febrero de ese mismo año y, en ella, Sonia lució el mismo sari rosado que Indira había llevado en la suya, el sari que Jawaharlal Nehru había tejido en la cárcel en su pequeño telar. Era, en realidad, un símbolo que venía a demostrar que esa muchacha italiana pasaba a formar parte de la familia más poderosa de la India sin importar su origen extranjero.

Indira no podía ocultarlo: estaba feliz y exultante, aunque, justo tras la boda, ese clima de alegría personal se vio empañado por la necesidad de volver, de nuevo, al día a día político. Esta vez, iniciaba una extensa gira internacional por

Latinoamérica que finalizó en Estados Unidos, donde recaló en el mes de diciembre de 1968 para asistir en Nueva York a la Asamblea General de la ONU. A su vuelta a la India, se topó con que el fantasma de la división amenazaba de nuevo al Partido del Congreso. Tanto Desai como Kamaraj parecían más empeñados que nunca en alejarla del poder, cada vez más suspicaces ante su autonomía y el éxito de su periplo internacional. El fallecimiento, el 3 de mayo de 1969, de Zakir Hussain, en ese momento el presidente del país, les brindó la oportunidad que tanto tiempo llevaban anhelando: si lograban aupar al cargo a un miembro del partido afín a su posición, este podría exigir la dimisión de Indira. Tras diversas escaramuzas encaminadas a posicionar a sus respectivos candidatos para el puesto vacante, finalmente en la votación celebrada el 20 de julio la persona propuesta por Indira perdió por un solo voto de diferencia. Uno de los miembros del comité cuyo apoyo se había asegurado decidió no presentarse a la votación en el último momento.

Desai y Kamaraj estaban exultantes, pues a falta de un mes para ratificar la elección del presidente en una siguiente ronda de votaciones, ya veían el poder al alcance de su mano con el camino al puesto de primer ministro despejado. Una mañana, Indira anunció que retiraba a Desai del puesto de ministro de Finanzas, y que pasaría a ocuparlo ella misma, por lo que, pese a que lo seguía manteniendo como primer ministro adjunto, este optó por presentar su dimisión irrevocable. Pocos días después, Indira proclamó públicamente la nacionalización de los bancos. Con ello garantizaba la introducción de mayor liquidez en la economía y aseguraba, a

Indira siempre fue una firme defensora de los matrimonios por amor con independencia del origen, religión o casta. En la imagen, Rajiv Gandhi y Sonia Maino (con el sari rosa tejido por Jawaharlal) en el día de su boda, el 25 de febrero de 1968.

la vez, que el dinero de todos se utilizaba correctamente. La alegría estalló en las calles, la gente la vitoreaba y los ciudadanos estaban orgullosos de ella y de la medida.

En la segunda votación para elegir al presidente del país, las tornas cambiaron y, finalmente, resultó elegido un candidato independiente, Varahagiri Venkata Giri. Una vez más, Indira había conseguido anular a Desai y a Kamaraj y, con el apoyo del nuevo presidente, pudo renovar su cargo como primera ministra. Sin embargo, las facciones dentro del Partido del Congreso estaban más divididas y enfrentadas que nunca, y el clima se enrareció hasta tal punto que el 1 de noviembre de 1969, amparados en una cláusula de sus estatutos, sus rivales dentro del Partido del Congreso consiguieron que se la expulsara del mismo.

Tras esto, y como única salida posible, ya que tanto ella como los otros tenían a sus propios y acérrimos seguidores, no quedó más remedio que aceptar que sus posturas eran irreconciliables y dividir el partido en dos, si bien cada uno de los bandos, conscientes de su peso histórico, proclamaba que el suyo era el que merecía ser considerado legítimamente como Partido del Congreso. Indira, que no iba a renunciar a mantener el nombre del partido fundado por su abuelo Motilal y profundamente arraigado a la figura de su padre, logró retener a la mayoría de los diputados, y cambió el nombre a Partido del Congreso (R), popularmente conocido como Nuevo Partido del Congreso. El de sus rivales se conocería como Partido del Congreso (O).

Desde ese momento, Indira, en minoría en el Parlamento, procuró establecer alianzas con algunos de los partidos de

izquierda que hasta ahora habían ejercido la oposición. Se trataba de un momento especialmente tenso en la India debido
a los intentos de varios de estos grupos políticos de abolir los
privilegios de los marajás indios y, sobre todo, a la situación de
enorme crisis política que por aquel entonces se estaba viviendo
con el principal vecino de la India aparte de China: Pakistán.

✌︎

Por fortuna, en medio de aquel clima de enfrentamiento y
tensión tanto en el interior como en el exterior del país, al
menos una noticia feliz había logrado iluminar y esperanzar a
Indira: después de que Sonia hubiera sufrido en la primavera
del año anterior un aborto espontáneo, el 19 de junio de 1970
la convirtió en abuela. Trajo al mundo a un niño al que llama-
rían Rahul y que colmó a Indira de amor y ternura.

Pasó ese verano embelesada con su nieto: le dedicaba el
poco tiempo libre del que disponía y no se cansaba de mirarlo.
Era absolutamente feliz junto a él y se resistía a dejarlo para
regresar a sus obligaciones de Estado.

Agotada del continuo tira y afloja, y consciente de la vul-
nerabilidad de su mandato, en diciembre de 1970 Indira tomó
una decisión que anunció públicamente: pidió al presidente
que disolviera la Cámara Baja (o Lok Sabha) y anunció, para
febrero de 1971, la celebración de nuevas elecciones. Mientras tanto, en Pakistán, su presidente, Yahya Khan, también se
había dirigido a la Asamblea Nacional pakistaní solicitando
la celebración de unas elecciones libres que, hasta entonces,
no se habían permitido en esa nación. Se trataba, obviamente,

de dos decisiones similares en su forma, pero muy diferentes en su fondo: en tanto que la India era un estado democrático, no podía decirse lo mismo de Pakistán.

〰〰

Desde su proclamación como país en 1947, la República Islámica de Pakistán siempre se había regido por la ley marcial, propia de las dictaduras militares, una ley que se aplicaba, además, con desigual intensidad con base en de qué lado del territorio se tratara. El país se hallaba dividido en dos mitades separadas por varios miles de kilómetros de territorio indio que se interponía entre ambas. Por un lado, estaba Pakistán Occidental, que comprendía el Punyab, Sindh y Baluchistán, y donde se concentraba el poder en manos de militares, terratenientes, burócratas y empresarios. Y por el otro, Pakistán Oriental, que se extendía por la parte este de Bengala, y cuyos habitantes, prácticamente desde la formación del país, habían estado en cierto modo sometidos, controlados y explotados por los dirigentes de Pakistán Occidental, en su gran mayoría musulmanes.

Con el país en esta situación, es difícil concluir qué estrategia política pudo llevar al general Yahya Khan a convocar elecciones. Cabe suponer que quizá buscara con ello la legitimidad frente a la comunidad internacional, incluso frente a sus propios compatriotas. Tras la celebración el 7 de diciembre de las primeras elecciones generales en los veintitrés años de historia de la República Islámica de Pakistán, los resultados fueron abrumadores no solo por la sorprendente alta participación, sino por otorgar una aplastante victoria a la Liga Awami, el principal partido de Pakistán Oriental, que obtuvo una mayoría absoluta. Cabe destacar que muy poco antes de la celebración de las elecciones, el 12 de noviembre de 1970, el ciclón tropical Bhola había arrasado parte de Pakistán Oriental, dejando un saldo de medio millón de cadáveres. La poca ayuda recibida por parte de Pakistán Occidental y su falta de reacción ante el que fue considerado el ciclón más mortífero de la historia sin duda contribuyeron al descontento manifestado por los orientales a la hora de votar. También influyó el inexplicable error de cálculo y la falta de perspectiva de Khan: las cuatro provincias de Pakistán Occidental no llegaban a superar juntas la población de Pakistán Oriental, constituido en una sola provincia. Además, esta división en provincias favoreció la disgregación del voto occidental en diferentes partidos enfrentados entre sí, en tanto que los pakistaníes orientales votaron en bloque a la Liga Awami.

Sea como fuere, la respuesta a su victoria no se hizo esperar: tanto el ejército como el hasta entonces presidente, Yahya Khan, apoyado por todo el aparato gubernamental occidental, se negaron a reconocer los resultados, lo que provocó un clima de absoluto malestar en Pakistán y una tensión cada vez más intensa que se seguía con profundo interés desde la India, inmersa en sus propias elecciones. Celebradas entre el 1 y el 10 de marzo de 1971, los resultados otorgaron una aplastante victoria al Partido del Congreso de Indira, que obtuvo trescientos cincuenta y dos escaños de los quinientos dieciocho en liza.

Pese al enorme éxito, a lo incontestado de su victoria y a lo que esta suponía, Indira vivió esos días con una creciente preocupación por la situación en el país vecino. Pakistán Occidental reprimía con inusitada violencia los conatos de rebelión de un descontento Pakistán Oriental, en lo que se dio en llamar «Operación Reflector». El 25 de marzo la situación de represión y terror llegó a un punto límite que provocó que Sheikh Mujibur Rahman, el líder de la Liga Awami, declarara la independencia de Pakistán Oriental, anunciando que pasaría a llamarse desde ese momento Bangladesh. Esta declaración provocó el inmediato estallido de una cruenta guerra civil que tuvo difíciles consecuencias para la India, con parte de su territorio atrapado en medio de la contienda. La crisis se volvía también humanitaria, ya que Indira se sintió en la obligación de acoger a los millones de civiles, muchos de ellos hindúes, que huían de la confrontación y de la represión del ejército pakistaní occidental.

Se estimó que en un período de ocho semanas alrededor de tres millones de personas cruzaron la frontera hacia la India. Tanto Indira como su partido y, en general, todo el país, se mostraron dispuestos a acoger a las víctimas, pero ella, como gobernante, era consciente de que pronto la situación se volvería insostenible.

Indira sabía que su gobierno se vería desbordado ante unas demandas de ayuda que pronto sería incapaz de atender, por lo que comenzó a realizar declaraciones públicas solicitando apoyo a los demás países y manifestando que ese problema humanitario no podía ser solo un asunto de la India. La comunidad internacional comenzó a posicionarse, pero anteponiendo sus propios intereses nacionales y estratégicos tanto a los indios como a los pakistaníes, con el presidente de los Estados Unidos, Richard Nixon, a la cabeza.

Nixon sabía del entendimiento que había surgido entre los Nehru y los Kennedy en el pasado. Asimismo, se había declarado reticente a lo que él consideraba el «giro a la izquierda» que había practicado Indira en los últimos meses, no solo para aliarse con partidos izquierdistas para poder seguir gobernando tras la escisión del antiguo Partido del Congreso, sino también como resultado de algunas decisiones políticas como la nacionalización bancaria. Por este motivo, cuando el presidente se posicionó en el conflicto, lo hizo negándose a condenar o a mostrar dureza hacia Pakistán Occidental, en tanto otros países europeos, como Francia, no dudaron en mostrar su apoyo a los pakistaníes orientales.

Mientras la guerra civil en Pakistán se recrudecía y las arcas indias se mermaban debido al coste que suponían los refugiados, en Estados Unidos el periódico *The New York Times* publicó la noticia de que varios barcos estadounidenses cargados con armas se dirigían a Pakistán para apoyar al bando occidental, lo que generó tanto la ira del Partido Demócrata estadounidense como la censura del gobierno indio en pleno ante la tolerancia del presidente americano hacia las atrocidades de Pakistán con su propio pueblo.

Poco después se haría público que Henry Kissinger, asistente de Nixon en temas de seguridad nacional, se había reunido en julio de ese mismo año en Pekín con el primer ministro chino, Zhou Enlai. La situación era insostenible para Indira: por una parte tenía a un país vecino en guerra, Pakistán, y por la otra, la mayor potencia mundial se reunía en secreto con otro de sus vecinos, China, un país con el que la India estaba enfrentada desde hacía años.

Inidra se decidió a mover ficha y a tomar una atrevida iniciativa: en agosto promovió la firma de un Tratado de Amistad y Cooperación entre la India y la URSS que, de hecho, venía a romper la tradicional política de no alineación que tanto había defendido su padre. En septiembre de ese mismo año, un extenuante 1971, viajó a Moscú y se reunió con el presidente del país, Leonid Brézhnev, así como con su primer ministro, Alekséi Kosyguin, que le ratificaron que, en caso de que la India entrase en guerra, podía contar con ayuda militar soviética.

Durante el mes de octubre de 1971 recorrió las principales capitales europeas solicitando ayuda económica para poder hacer frente al problema de los refugiados. Todos los países apoyaron su labor humanitaria, pero rechazaron formar parte de una ofensiva bélica contra Pakistán, alegando que se trataba de un conflicto interno y propio del país.

Y así, con las cartas sobre la mesa, los bandos posicionados, cada uno con sus apoyos y las alianzas claras, Indira se dispuso a viajar a Washington para reunirse, finalmente, con Richard Nixon en noviembre de 1971.

El choque de temperamentos fue terrible, y desde ese momento, según filtró la prensa local india en relación con una conversación privada con Kissinger, Nixon se refirió a ella como «la vieja bruja», sin disimular su antipatía y obviando el hecho de que él era cuatro años mayor. Los desplantes hacia Indira, a quien hizo esperar durante más de una hora a la puerta de su despacho antes de recibirla, fueron tan acusados como los ásperos silencios de ella. El mismo Kissiger diría años más tarde que, en su dilatada carrera política, esas reuniones entre Indira y Nixon fueron las más tensas y difíciles que presenció entre mandatarios.

A esas alturas Indira ya era consciente de que la guerra con Pakistán era inevitable: no podía seguir permitiendo su avance ni su acoso, y tampoco la matanza de los hindúes de Bangladesh. Su viaje a Estados Unidos había sido el último intento desesperado de frenar lo inevitable, movida por la débil esperanza de que Nixon mostrara de alguna manera su apoyo a la causa de Pakistán Oriental o hacia la India. Fue en vano. Nixon estaba haciendo política por su cuenta y negociando un tratado comercial con China. Aun así, Indira se resistió a dar el primer paso respecto a embarcar a su país en una nueva confrontación.

No tuvo que esperar demasiado, pues los acontecimientos se precipitaron cuando el 3 de diciembre los aviones pakistaníes bombardearon nueve bases aéreas indias. Esa misma noche, Indira convocó una reunión urgente tanto con sus ministros como con los líderes de la oposición, y al día siguiente pronunció un sentido discurso en el Parlamento para toda la nación.

Por la noche, aprovechando la luna llena, la India entró en Pakistán Oriental con el objetivo de atacar a los invasores occidentales y liberar el territorio. El ejército llevaba tiempo preparando el ataque, su ofensiva fue planificada al milímetro y se saldó con un descomunal éxito, hasta el punto de que en solo seis días las fuerzas indias lograron llegar a la ciudad de Dacca, la capital de Pakistán Oriental, para liberarla. Fue una ofensiva rápida y precisa, que se saldó con el reconocimiento tanto a nivel interno como internacional de la efectividad del ejército indio y de la capacidad estratégica de Indira.

Solo dos días después de su anuncio al país del inicio de la guerra con Pakistán, Indira proclamó de manera oficial que la India reconocía a Bangladesh como una nación independiente, una medida que le mereció el aplauso unánime de todos los miembros del Parlamento, con independencia del partido político al que pertenecieran.

Sin embargo, a Nixon la injerencia india en la guerra civil pakistaní le pareció una afrenta, pese a que él mismo había empujado de algún modo a Indira a participar en ella. Afirmaba que Indira no era más que una marioneta de la URSS y aseguraba que el ejército indio no se detendría con la liberación de Dacca, sino que su plan era avanzar hasta Pakistán Occidental y ocuparlo, lo que a su vez suponía una amenaza para el nuevo gran aliado del presidente norteamericano: China.

En una decisión apresurada, Nixon ordenó a la Séptima Flota de la Armada estadounidense abandonar sus posiciones habituales y dirigirse al océano Índico para formar frente a la costa de India y Pakistán Oriental, una decisión que fue fuertemente criticada por la prensa y por sus opositores en su propio país y que obligó a Indira, de nuevo, a actuar con rapidez. Ordenó el despliegue de tropas por todo Pakistán Oriental a fin de obtener la rendición de las fuerzas de Pakistán Occidental en el territorio ocupado antes de que los barcos estadounidenses llegaran a sus costas. Más de noventa mil soldados indios tomaron posiciones y las bases portuarias, obligando a rendirse a los invasores y logrando el pleno apoyo popular tanto en la zona reconocida como Bangladesh como en la India, además del respeto de la opinión pública internacional.

Indira había resuelto la situación de un modo ejemplar, y el 16 de diciembre, antes de que los barcos estadounidenses llegaran a las costas en liza, Indira declaró liberada Bangladesh y, con su misión cumplida, autorizó la retirada de las tropas indias del territorio, en un cese unilateral de su ofensiva militar. La guerra, por parte de la India, había finalizado, pese a que no pocas voces la instaban a continuar su avance, ahora hacia un Pakistán Occidental sumido en el caos, una propuesta que Indira rechazó sabiamente.

Tras la debacle generada por sus erradas decisiones, el presidente de Pakistán Occidental, el general Yahya Khan, se vio obligado a dimitir de su cargo, en el que lo sucedería Zulfikar Ali Bhutto. En cuanto a la jovencísima República Popular de Bangladesh, adoptó como forma de gobierno la democracia parlamentaria, cuyo primer ministro fue Sheikh Mujibur Rahman, el líder de la Liga Awami, que durante la guerra había sido encarcelado y juzgado en Pakistán Occidental por un tribunal militar que lo había condenado a muerte. Indira no tardó en recibirlo en Nueva Delhi con el protocolo destinado a los jefes de Estado.

En cuanto a ella, terminó 1971 con sus más altas cotas de popularidad dentro de su país, así como el casi unánime respeto internacional que le granjeó su actuación firme, decidida y eficaz en pos de la paz.

༄

Tras la intensidad del año anterior, 1972 comenzaba incluso con mejores perspectivas, pues el 12 de enero nació Priyanka Vadra, la primera nieta de Indira, hija de Rajiv y Sonia.

Indira se mostraba ilusionada, segura de sí misma y casi exultante. Poco después, en febrero de ese mismo año, concedió a Oriana Fallaci la extensa entrevista que la periodista le realizó a lo largo de dos encuentros y que reprodujo en uno de sus libros más famosos, *Entrevista con la historia*. En ella, Indira habló sin tapujos de diversas cuestiones, tanto personales como políticas, y no dudó en opinar respecto a la necesidad de que la India y Pakistán aprendieran a convivir en paz. Un deseo que finalmente se hizo realidad el 28 de junio con la celebración de una cumbre en la ciudad india de Shimla que reunió a Indira y Ali Bhutto y que, sin embargo, generó una enorme tensión entre ambas partes. La primera ministra y el presidente pakistaní eran conscientes de las expectativas creadas sobre este encuentro en sus respectivos países y sabían que la población tomaría como un gesto de debilidad el que cada uno regresase sin haber obtenido nada tras décadas de mutuos agravios.

La cumbre terminó el 2 de julio con la firma del llamado Tratado de Shimla, en cuyos términos se incluían acuerdos como el que ambos países se comprometían a resolver sus problemas y asuntos comunes de manera bilateral, sin acudir a la injerencia de terceros países u organismos, o que ambos rechazaban igualmente el empleo de la fuerza y la violencia contra el otro en el futuro, siguiendo los preceptos de la Carta de las Naciones Unidas. En cuanto a Jammu y Cachemira, todo quedaba en una especie de suspenso que rechazaba el uso de la violencia pero que no se decantaba por reconocer o dar preeminencia a las reclamaciones de uno u otro país, algo que tanto la oposición como diversos miembros de su partido reprocharon a Indira a su regreso a Nueva Delhi.

Dejando a un lado la política, tal vez lo que pudo resultar más llamativo de este encuentro con la periodista fue la imagen que, al inicio de la entrevista, la primera ministra proyectó de sí misma. Oriana describió el encuentro de la siguiente manera:

Nos acomodamos en la terraza que da al jardín y charlamos durante una hora. [...] Luego llamó a un hermoso niño moreno que jugaba en el césped y, abrazándolo tiernamente, susurró: «Este es mi nieto. Es el hombre al que más amo en el mundo». Hacía un efecto extraño contemplar a esta poderosísima mujer abrazada a un niño.

6

VOLVER AL FUEGO

En un mundo dividido en bloques, me ha tocado ser
no alineada; en un mundo dividido entre ricos y pobres,
me ha tocado ser pobre, y en un mundo dominado
por los hombres, me ha tocado ser mujer.

INDIRA GANDHI

La firmeza en las decisiones de Indira al frente
del Gobierno indio no dejaba indiferente a nadie.
En ocasiones el uso de la fuerza del ejército (en la
imagen de la página anterior, Indira avanza frente
a las tropas en 1980) tuvo que imponerse en las
zonas en conflicto para restablecer la paz.

Los éxitos políticos, bien lo sabía Indira, duran en la memoria de la gente lo que tarda en llegar una tormenta. En 1973 el monzón no descargó sus lluvias, la sequía volvió a ser la prioridad y, con ella, la subida de precios provocó una de las mayores inflaciones del país. Indira hizo todo lo posible por controlar la situación: recortó los gastos del Gobierno, limitó los dividendos de las empresas e introdujo una medida sumamente impopular cuando dictaminó que todos los salarios y rendimientos debían participar de un sistema de depósito obligatorio que, por una parte, evitaba la fuga de capitales y, por otra, contribuía al bien común.

Este control económico pronto comenzó a granjearle cada vez más enemigos tanto a pie de calle como en los círculos empresariales y, por supuesto, entre los propios políticos, ya fueran de su partido o de la oposición. Empezaron a oírse voces críticas tanto en la prensa como en el Parlamento que hablaban de corrupción en su entorno.

Quien alzó la voz con más fuerza fue Jayaprakash Narayan, un antiguo amigo del padre de Indira, que fundó un movimiento político de corte populista y sensacionalista llamado Juventud por la Democracia, desde el cual hacía continuos llamamientos a los jóvenes para restaurar «la verdadera democracia». Las protestas sociales no tardaron en convertirse en actos violentos y, en ese clima de confusión, otras voces comenzaron a alzarse. Morarji Desai inició una huelga de hambre indefinida exigiendo nuevas elecciones en el estado de Gujarat, afirmando que estaba gobernado por corruptos. Ante esta situación, Indira ordenó arrestar a los huelguistas y desalojar a sus familias de las viviendas estatales que ocupaban, el ejército intervino y las manifestaciones finalizaron, pero la situación en el país era cada vez más tensa.

Raj Narain, el contrincante de Indira en las elecciones de 1971, recurrió ante el Tribunal Superior de Allahabad los resultados de esas elecciones acusando a Indira de prácticas corruptas. Uno de los ataques venía dado por haber hecho uso del transporte oficial durante la campaña electoral. Se abrió una investigación profundamente dolorosa para ella.

El único bálsamo de paz en aquella época convulsa fue, de nuevo, un acontecimiento familiar: su segundo hijo, Sanjay, contrajo matrimonio con Maneka Anand, una mujer que pertenecía a una familia sij muy relacionada con el ejército indio, ya que su padre era teniente coronel y uno de sus tíos ostentaba el rango de general. La prensa del momento aseguró que Sanjay se había enamorado de la joven al ver su fotografía en una revista. Esta, que había ganado un concurso juvenil de belleza, realizaba trabajos esporádicos como modelo, que compaginaba con sus estudios. Pero su verdadero flechazo surgió en el cóctel previo a la boda de Veenu Kapur, buen amigo de Sanjay y primo de

Maneka, en 1973. Desde entonces comenzaron a pasar mucho tiempo juntos pese a la diferencia de edad entre ambos, Sanjay era diez años mayor que ella, y al rechazo inicial a la relación por parte de la madre de Maneka.

Indira, como había hecho con Rajiv y Sonia, no se opuso a una boda por amor pese a que, en su fuero interno, consideraba que todo había sucedido de un modo muy precipitado y le habría gustado conocer mejor a Maneka. En julio de 1974 se anunció su compromiso y la boda se celebró dos meses después, el 23 de septiembre. Maneka lució también el sari khadi rosado tejido por Jawarhalal en la cárcel, de un alto valor simbólico para la familia. A su regreso de la luna de miel, la joven pareja se instaló en la casa familiar, en la que también residían Rajiv y Sonia con sus hijos, ya que, para la abuela Indira, no había mayor apoyo para hacer frente a los problemas políticos que estar cerca de sus nietos en esos momentos en los que se la llamaba corrupta.

Finalmente, tras unas deliberaciones marcadas por el agrio debate en las calles y la presión de la oposición, el tribunal optó por inhabilitar a Indira durante seis años para ejercer su cargo, en una sentencia que le resultó devastadora y que la oposición celebró como un triunfo sin precedentes.

༺·༻

Indira, como solía hacer con cada vez mayor frecuencia, se dio un tiempo para meditar antes de tomar una decisión definitiva. El tribunal había establecido un plazo de veinte días para apelar la sentencia ante el Supremo y, en ese período, pese a que su intención inicial había sido dimitir, varios miembros de su partido le juraron fidelidad, y esto la hizo recapacitar. Aunque la voz que se hizo escuchar por encima de las demás fue la de su hijo Sanjay, que cada vez ocupaba un mayor peso en sus opiniones llevado por el ímpetu de su juventud y las ansias de herencia política. Sin embargo, no fueron sus palabras ni las de sus fieles camaradas las que calaron en Indira, sino las de la gente de a pie, que comenzó a agruparse de manera espontánea frente a su domicilio hasta formar una multitud que la aclamaba y le rogaba que permaneciese en el cargo. Los gritos, que Indira entendió como una llamada de auxilio, le hicieron reaccionar y pedir a su gabinete que hallara una fórmula judicial que le permitiera continuar en su puesto.

Desai y Narayan habían unido fuerzas y juntos crearon un comité llamado Lok Sanghrash Samiti, destinado a organizar la lucha del pueblo. Pretendían, de hecho, paralizar las funciones del Gobierno y el país: además de rodear la casa de Indira, habían organizado también sentadas en las vías ferroviarias a fin de imposibilitar el tráfico de trenes, lo que a su vez colapsó las oficinas estatales, los tribunales y, *de facto*, provocaron el caos en toda la India. Indira tomó la iniciativa: la India no se podía detener, los ciudadanos debían seguir trabajando, cultivando, produciendo o estudiando, el país no se podía permitir perder más recursos. Ante esta situación descontrolada, y aconsejada por sus colaboradores (entre los que se encontraba su hijo Sanjay), Indira invocó el artículo 352 de la Constitución y declaró el estado de emergencia el 25 de junio de 1975.

En cuestión de horas, los principales líderes de la oposición fueron arrestados y, para evitar que el caos cundiera entre la población, se impuso una censura feroz a la prensa. El

Para Indira, el apoyo de su familia resultaba indispensable para equilibrar las presiones a las que se veía sometida en su posición de liderazgo político. En la imagen, Indira junto a sus hijos Rajiv (de pie, tras ella) y Sanjay (sentado a su derecha), sus nueras Maneka (de pie, junto a su cuñado Rajiv), y Sonia (sentada a la izquierda), y sus nietos Rahul y Priyanka hacia 1975.

día 26, Indira emitió un comunicado por la televisión en el que informaba al país de que sus planes pasaban por mantener ese estado el menor tiempo posible, hasta restablecer la paz y el orden. Ella era una firme defensora de la no violencia y de la libertad. Había crecido bajo las enseñanzas de Tagore y Gandhi, y había visto a sus seres queridos encarcelados por su férrea defensa de ambas ideologías aplicadas a la política a lo largo de toda su infancia.

Pero un acontecimiento inesperado cambió por completo el panorama: el 15 de agosto, el día del aniversario de la independencia del país, Mujibur Rahman, el presidente de Bangladesh, fue asesinado en Dacca por miembros del ejército de su país en el transcurso de un golpe de estado. Para Indira, saber que había fallecido a manos de miembros del ejército, los mismos que debían protegerlo, supuso un tremendo golpe emocional. Ante el derrumbamiento moral de su madre, Sanjay estaba decidido a mantener la situación, pese a que tanto Rajiv como Sonia y los principales consejeros de Indira abogaban por derogar el estado de emergencia.

Sanjay se decía innovador, pero en realidad trataba más de despreciar la tradición que de aportar novedades al país; era terco, inflexible y obstinado. Resulta difícil comprender a Indira en este punto, es probable que confiara en que podía hacer de Sanjay un líder, y para ello debía dejarle tomar sus propias decisiones. Bajo sus consejos para enmendar el rumbo del país, durante 1976 y 1977 la India pasó de ser una democracia a un régimen autoritario, e Indira sorprendentemente dejó de escuchar a las muchas otras voces que clamaban por una manera diferente de hacer las cosas. Siguiendo sus directrices, o directamente dejándolo obrar, una Indira agotada comenzó a destituir y a alejar de su lado a las personas que, hasta entonces, habían sido de su máxima confianza. Así, se llevaron a cabo prácticas tan cuestionables como la imposición de la vasectomía a un altísimo número de varones (la mayoría de la casta de los intocables) debido a una errónea concepción de los programas de planificación familiar. Era un hecho incontestable que en un país tan superpoblado como la India era necesario informar y hacer extensibles al mayor número de habitantes las prácticas relativas al control de la natalidad. Pero lo que inicialmente había parecido una idea útil, terminó siendo aplicada como una imposición que convirtió incentivos en obligaciones y generó violencia, protestas, incomprensión y desinformación debido, sobre todo, a que la censura sobre la prensa seguía siendo una realidad.

Cuando Indira reaccionó, lo hizo de forma contundente: en el otoño de 1976 ordenó retirar de inmediato todas las medidas impositivas usadas en el llamado Programa de Esterilización Familiar, pero para entonces la gente de la calle se había desencantado de ella, y su figura era asociada a la violencia y la tiranía. Tras liberar a los opositores de la cárcel y anunciar el cese de la represión policial, Indira se convenció de que aquella situación debía concluir, y a finales de octubre de 1976 comunicó a sus más allegados su deseo de poner fin al estado de emergencia. Sanjay se opuso fieramente, pero su madre defendió su voluntad con firmeza: no aceptaría sus consejos hasta que no lo considerase plenamente formado como político.

El 18 de enero de 1977 convocó nuevas elecciones. En su campaña electoral recorrió incansable el país durante cinco semanas, durmiendo, pese a sus sesenta años, solo tres horas al día. La gente seguía acudiendo a sus mítines, pero ella percibía la desconfianza en sus ojos: escuchaban sus palabras en silencio, pero ya no la aclamaban. Las elecciones generales al Lok Sabha se celebraron del 16 al 20 de marzo de 1977 con una elevada participación. Los resultados fueron desalentadores: el partido de Indira obtuvo doscientos diecisiete escaños menos que en la anterior convocatoria. Janata, un partido de coalición construido a base de sumar muy dispares intereses políticos y comandado por su rival directo, Morarji Desai, obtuvo un espectacular incremento del ciento setenta y cinco por ciento de votos. Indira, por primera vez en su carrera política, había perdido unas elecciones. Dos días después de la celebración de la última ronda electoral, el 22 de marzo, y tras aceptar toda la responsabilidad de la debacle, presentó su dimisión.

∽.∽

Los meses siguientes fueron especialmente duros para Indira: dejó el palacio presidencial y se estableció sola en una vivienda pequeña, pues sus hijos se habían distanciado de ella debido a sus diferencias políticas. No tardaron en surgir rumores de que el partido Janata, el JNP, cuyos principales dirigentes habían sido encarcelados durante el estado de excepción, estaba buscando pruebas para acusarla nuevamente de corrupción y arrestarla, lo que vino a acrecentar la sensación de persecución, de miedo, de amenaza física incluso, que sentían tanto ella como toda su familia. No en vano, en el mes de junio hallaron en un prado el cadáver del teniente coronel Tarlochan Singh Anand, el padre de Maneka. Pese a las investigaciones policiales, fue imposible averiguar si se había tratado de un suicidio o de un asesinato. Indira, consciente de que debía recomponerse pero lastrada por la sensación de haber fallado a su pueblo, tomó la determinación de recuperar la confianza de la gente. Y para ello debía aprovechar el poco tiempo que sabía que le quedaba hasta que sus enemigos políticos dieran con un argumento lo suficientemente creíble como para encarcelarla. Comenzó a viajar de nuevo por todo el país, y su tesón poco a poco dio sus frutos: paulatinamente empezó a ser mejor recibida, incluso aclamada, algo a lo que ayudaba la ineficacia del partido Janata en el poder, que había ganado las elecciones como una reacción del pueblo ante la decepción con Indira más que por la fortaleza de su programa electoral.

Para el mes de octubre de 1977 Indira volvía a figurar en las encuestas con unos considerables índices de popularidad. El partido Janata comprendió que no había tiempo que perder y, desesperados, tantearon a miembros del antiguo Gobierno de Indira, a los que prometían no imputar a cambio de que acusaran a su líder y a Sanjay de las encarcelaciones injustas, la violencia y la corrupción desencadenada durante el estado de excepción. Finalmente, el día 3 de ese mes, agentes de la Oficina Central de Investigación se presentaron en su casa para detenerla, pero por un defecto de forma en la orden de detención, Indira se negó a acompañarlos. Cuando, por fin, a las ocho de la tarde, consiguieron solucionar el problema burocrático, ya una nutrida multitud se había acercado a su casa y no dejaba de corear su nombre, así como consignas contra Desai y su socio de gobierno, Charan Singh. Indira salió escoltada por los oficiales, se subió al techo del vehículo policial y ofreció una última arenga a sus seguidores en la que transmitió sus disculpas a los ciudadanos del estado de Gujarat, que debía visitar al día siguiente y a quienes sentía defraudar.

A la mañana siguiente fue conducida al tribunal y este halló que la acusación no había aportado pruebas suficientes para su detención. Fue puesta en libertad y, de nuevo, el partido Janata quedó en evidencia tanto dentro como fuera del país. Indira decidió continuar con sus viajes, tanto a Gujarat como al resto del país: en las ciudades era aclamada mientras se intensificaba el odio de sus enemigos.

Pese a su popularidad, las comisiones de investigación y los juicios la persiguieron durante todo ese año y el siguiente hasta lograr expulsarla, una vez más, de su propio partido. Indira tuvo muy claro qué hacer: fundó un nuevo Partido del Congreso, el Partido del Congreso (I) —de Indira—, en el que se involucraron activamente tanto Sanjay como Maneka.

En las elecciones federales de febrero de 1978 en los estados de Andhra Pradesh y Karnataka, así como en las de mayo en Uttar Pradesh, los candidatos del partido de Indira resultaron ganadores por una amplia mayoría. Como reacción, el partido Janata provocó la detención de Sanjay acusándolo de haber ejercido la censura contra una película satírica durante el estado de excepción, pero aun así no consiguieron frenar a Indira, que decidió presentarse a las elecciones que se celebraron en octubre en el distrito de Chikmagalur. Resultó vencedora con más de setenta mil votos de diferencia sobre sus rivales de Janata, lo que le permitiría volver al Lok Sabha, esta vez como parte de la oposición.

Sin embargo, los enemigos eran demasiados y las irregularidades durante el estado de excepción habían sido innumerables: muchas investigaciones oficiales seguían indagando en su pasado político y, aunque algunas incriminaciones eran ridículas —como la Comisión Triska, en la que se la acusaba de robar cuatro pollos y dos huevos—, a la larga varias prosperaron y lograron que en diciembre fuera expulsada del Parlamento por abuso de poder, y fue encarcelada durante una semana, mientras el juicio contra Sanjay por censura seguía adelante.

En 1979, Indira y Sanjay vivieron una sucesión de juicios, traiciones políticas, fragmentaciones y nuevas divisiones dentro de su partido mientras, por su parte, el partido Janata también se desintegraba debido a los efectos de una nueva sequía que provocaba un inmenso descontento en todo el país. Tal era la situación de caos político, que el 20 de agosto el presidente del Congreso se vio obligado a disolver el Lok Sabha y a convocar elecciones. Para Indira esto significaba otra oportunidad de demostrar su voluntad de luchar por la India, y el 3 de enero de 1980, obtuvo una nueva victoria.

Tres días después, el 6 de enero, volvió a jurar su cargo como primera ministra. Tenía sesenta y dos años y había pasado por serias dificultades, pero, por fin, la India e Indira se reencontraban. Aun así, el coste había sido demasiado elevado: muchos de los que habían estado a su lado en su carrera la habían abandonado, por lo que debió formar un nuevo gobierno con políticos más jóvenes, aunque inexpertos, y focalizó todos sus esfuerzos en lograr que el país se recuperase de la última y devastadora sequía. Retomó las relaciones con los nuevos líderes internacionales como Margaret Thatcher, que había sido elegida en mayo primera ministra de Gran Bretaña, e intentaba posicionar a la India como una voz digna de ser tenida en cuenta entre las potencias mundiales. Era una tarea ardua en la cual Sanjay, que había crecido enormemente como político gracias al reposicionamiento de Indira como líder y maestra incuestionable, se mostró como su principal apoyo. Ambos se habían hecho inseparables y tomaban las decisiones del partido de forma conjunta, confiando el uno en el otro plenamente.

Pero entonces, de forma totalmente inesperada, Sanjay sufrió un accidente mientras realizaba piruetas con su avioneta. El joven practicaba todos los días del año un vuelo de entrenamiento antes de acudir a las oficinas del Partido del Congreso, del que se acababa de convertir, por nombramiento materno, en uno de sus cuatro secretarios generales. La avioneta cayó en picado y las heridas fueron mortales. Tanto Sanjay como el instructor jefe del Aero Club de Nueva Delhi, que volaba junto a él, fallecieron en el acto. Era el 23 de junio de 1980 y Sanjay tenía solo treinta y tres años, su viuda, Maneka, tenía veintitrés, y el único hijo de ambos, Feroze Varun, contaba con tres meses de edad.

Al recibir la noticia, Indira se sintió devastada. Para vencer el dolor, se refugió, una vez más, en sus silencios, y decidió invertir su tiempo en la familia. Pasó largas horas con sus nietos mayores, Rahul y Priyanka, y se sintió reconfortada por su nuera Sonia, con quien la unía tal afinidad que había llegado a considerarla una hija. Indira estaba dispuesta a superar los ataques de sus rivales políticos, a remontar una crisis de reputación, a sortear amenazas y esquivar intentos de asesinato. Pero para lo que nada ni nadie podía prepararla era para perder a un hijo. Durante casi un año, Indira fue incapaz de reaccionar, de gobernar incluso, y dejó todas las decisiones importantes en manos de su gabinete. El círculo íntimo de Indira estaba muy dividido sobre el tema del sucesor de Sanjay. Algunas personas de los medios de comunicación que tuvieron fácil acceso a Indira y la familia de Maneka comenzaron a cabildear por un papel político para la joven, pero Indira no lo veía del todo claro. Sonia se opuso férreamente a la entrada de Maneka en una posición de tal relevancia política y, aunque ella no estaba interesada en que Rajiv se convirtiera en el sucesor de su malogrado hermano pequeño, veía a su cuñada como una persona impredecible y ambiciosa. Según Pupul Jayakar:

> Al principio Indira comprendió la desesperación de Maneka. Estaba ansiosa por encontrar algo que ocupara su tiempo y, en un gesto compasivo hacia la joven viuda, le sugirió a Maneka que se convirtiera en su secretaria y viajara con ella. Esto molestó a Sonia. Se intercambiaron cartas entre Sonia e Indira, e Indira, dándose cuenta de la necesidad que tenía de Rajiv y su familia, retiró la oferta.

Ante tal situación, Sonia fue poco a poco dándose cuenta de que tanto Rajiv como Indira se necesitaban mutuamente en la arena política:

> Entendí el deber de Rajiv para con ella. Al mismo tiempo, estaba enojada y resentida con un sistema que, como lo veía, lo exigía como un cordero de sacrificio. Lo aplastaría y lo destruiría, de eso estaba absolutamente segura.

Por fin, en 1981, Indira decidió retomar sus responsabilidades con más fuerza que nunca, lo cual pasaba por realizar viajes a diversos países a fin de restaurar tanto su imagen como la de su país. Su primer viaje de estado fue a Francia, donde estableció una excelente sintonía con François Mitterrand. Al año siguiente, en Inglaterra, el 22 de marzo de 1982, manifestantes indios que portaban pancartas en las que se reclamaba la formación de un estado soberano sij la sorprendieron a la entrada de la sala de conciertos Royal Festival Hall de Londres. Fue la primera vez que Indira fue consciente de hasta qué punto el nacionalismo y el fundamentalismo religioso comenzaban a hacer mella en su país. Lo que hasta entonces había sido una India cohesionada bajo los mismos problemas, comenzaba a ser ahora una mezcla difusa de los diversos intereses de sus estados, muchos de los cuales, con su propia lengua, castas, costumbres e incluso religión, pugnaban con sus vecinos por hacerse con pequeñas parcelas de poder que no hacían más que enturbiar la paz y fomentar las distensiones y desconfianzas entre compatriotas. La violencia latía en el ambiente y amenazaba con crear cada vez más disputas territoriales.

Rajiv había comenzado a pagar cara su inexperiencia con diversas derrotas en algunos estados, pero Indira no parecía muy afectada por ello, ya que estaba ocupada afianzando su posición como líder de proyección internacional. Tras viajar a los Estados Unidos y a la URSS en 1982, fue elegida, el 7 de marzo de 1983, como presidenta del Movimiento de Países No Alineados, una agrupación de estados surgida durante la Guerra Fría con el fin de permanecer neutrales y no posicionarse de parte de ninguna de las dos mayores potencias nucleares.

Indira tenía sesenta y seis años y comenzaba a dar muestras visibles de agotamiento pese a que no parecía reducir su actividad política. Destacó como oradora de excepción en la ONU y también se implicó de lleno en la organización de la Reunión de Jefes de Gobierno de la Mancomunidad de Naciones, que se celebró a finales de noviembre en Nueva Delhi. Consciente de su trascendencia, en su discurso durante el acto de clausura Indira apeló al diálogo entre países para hacer frente a los grandes cambios políticos y sociológicos que se avecinaban. Fue un éxito sin precedentes en su trayectoria como líder de un país que cada vez parecía tener más que decir.

Pero de puertas adentro, los problemas entre las diversas religiones y provincias eran cada vez más graves, sobre todo en el Punyab, una zona próspera pero muy conflictiva debido a las continuas confrontaciones entre sijs e hindis azuzadas por un nuevo líder político local, Jarnail Singh Bhindranwale. El joven había dado sus primeros pasos en política en el Partido del Congreso (I), pero, tras haber sido arrestado en 1981 acusado de asesinar al editor de un periódico y posteriormente ser liberado por orden directa de Indira, prosiguió su carrera política reclamando, desde su propio partido, la creación de un estado sij independiente: Jalistán. Bhindranwale había aprendido de Indira la importancia del apoyo exterior y por ello había intensificado su campaña entre las comunidades de sijs de EE.UU., Canadá, Alemania e Inglaterra, recibiendo generosas donaciones que le permitieron comprar gran cantidad de armas, que almacenó en el Templo Dorado. El Templo, un recinto religioso fortificado construido en el siglo XVI en la ciudad de Amritsar, en el Punyab, constituía un lugar de peregrinación anual, ya que en el altar principal se custodiaba el Adi Granth, la escritura sagrada de los sijs. Si bien la religión sij proclamaba el respeto a otras creencias, lo cierto es que la deriva independentista de Bhindranwale había abocado a muchos de sus seguidores a la violencia. Convencidos de que el ejército indio no se atrevería a entrar en el templo por ser un lugar sagrado, lo habían convertido en un polvorín en el que se refugiaban tras cometer numerosos actos violentos. El fundamentalismo había hecho su aparición llevando a sus últimas consecuencias la intención de expulsar a los hindúes del Punyab, y llegó a sus cotas máximas el 5 de octubre de 1983, cuando varios sijs atacaron un autobús y obligaron a los pasajeros hindúes a descender del vehículo para asesinarlos a sangre fría. La reacción de Indira no se hizo esperar: dio orden de detención inmediata de los rebeldes. El lugar se convirtió en un escondrijo de criminales y finalmente, después de intentar diversas vías de negociación y rendición, en mayo de 1984, ante la imparable escalada de violencia a manos de los radicales sijs, Indira, con el apoyo de su partido, de la oposición, de los medios de comunicación y de la opinión pública, ordenó al ejército el diseño de la llamada «Operación Blue Star».

El 2 de junio de 1984 Indira dio un discurso a toda la nación anunciando que todo intento de paz con los fundamentalistas había sido inviable y que había ordenado rodear el Templo Dorado a fin de forzar la rendición de los rebeldes allí atrincherados. Pero la situación se descontroló: tras el anuncio, numerosos civiles sijs se dirigieron al recinto sagrado para protegerlo en tanto que los independentistas se hacían cada vez más fuertes en su interior sabedores de que el día de peregrinación anual se acercaba y convencidos de que el ejército no se atrevería a entrar en él habiendo tantos inocentes dentro. Así, el 5 de junio la situación ya era insostenible y los militares optaron por asaltar el templo. Habían intentado sin éxito detener la entrada de los peregrinos, pero se habían visto desbordados por su número y fervor. La lucha encarnizada por tomar el Templo Dorado se saldó con las muertes de Bhindranwale y un centenar de sus hombres, pero también con el fallecimiento estimado de cuatrocientos inocentes atrapados en la línea de fuego entre fundamentalistas y militares. En total, entre civiles, peregrinos, independentistas sijs y soldados, algunas fuentes calculan que perecieron alrededor de quinientas personas, si bien otras hablan de cerca de mil doscientas.

Días después, varios mandos del ejército indio aconsejaron a Indira expulsar de sus filas a los oficiales sijs, pues, aunque estos no suponían más que el dos por ciento de la población total de la India, muchos de ellos tenían una larga tradición militar y se contaba un gran número en las diversas fuerzas del orden. Indira se negó en rotundo alegando que esa expulsión humillaría a todos los sijs, pues sería como aplicar a todos ellos un castigo que solo merecían los radicales y terroristas.

Tras aquel tormentoso verano, optó por embarcarse en una nueva campaña electoral de cara a las elecciones previstas para finales de año. Parecía como si, a sus casi sesenta y siete años, quisiera de algún modo dejar más que nunca su huella en la gente.

Se decidió, incluso, a dictar sus memorias a una de sus más cercanas amigas de la infancia, en quien siempre había confiado y que era, además, una conocida escritora, la mencionada Pupul Jayakar, con quien se abrió sin tapujos revelando no solo los grandes traumas de su infancia y adolescencia, sino también reconociendo sus aciertos y, sobre todo, sus errores, como la declaración del estado de excepción. Fueron días serenos y evocadores. Tras terminar sus memorias, Indira fue a descansar al Himalaya, al lugar al que, desde niña, siempre había acudido cuando necesitaba reponer fuerzas.

A su regreso a Delhi, el 30 de octubre, supo que el coche que escoltaba a sus nietos camino del colegio había tenido un accidente y se sintió muy alterada: los niños eran el centro de su vida y, desde el verano, había comentado a sus personas de confianza que sentía miedo por ellos y temía que se estuviese organizando un complot para secuestrarlos. Se sentía invadida por constantes malos presentimientos y, debido a ello, esa noche durmió mal, con pesadillas que la despertaron una y otra vez.

A la mañana siguiente, alrededor de las nueve de la mañana del 31 de octubre de 1984, Indira salió de su residencia oficial en dirección a las estancias gubernamentales, separadas por un jardín que solía recorrer a pie. Al llegar a la verja que limitaba ambas zonas aguardó a que uno de sus escoltas, el subinspector Beant Singh, un sij que llevaba nueve años a su servicio, abriera el portón. Al verlo acercarse le sonrió, unió sus manos en señal de agradecimiento y le dijo: *Namasté*. Él levantó la mano, pero no para saludarla. Llevaba un arma y le disparó a bocajarro en el abdomen. Segundos después se

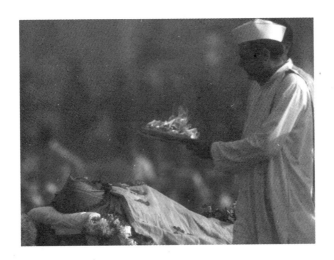

Indira siempre guardó una peculiar relación con el fuego, cuya fuerza la impactó desde pequeña. Ya de mayor, el fuego simbolizaba el adiós a sus seres más queridos. Arriba, su despedida, el 3 de noviembre de 1984. Abajo, violencia en las calles de Nueva Delhi tras el asesinato de la líder.

le unió otro escolta, Satwant Singh, también sij, que disparó sobre ella veinticinco balazos.

En un instante cundió el caos. Sonia, desesperada, trasladó en su propio vehículo el cuerpo de Indira al hospital. Llegó aún viva, se la operó y le hicieron transfusiones de sangre, pero las heridas habían afectado a órganos vitales y los médicos no lograron salvar la vida de la primera ministra de la India. Aguardaron a que Rajiv, de viaje en Bengala, llegara a Nueva Delhi para declarar públicamente su muerte a las 14:30 horas. Esa misma tarde Rajiv, consternado, juró su cargo como primer ministro del país. La dinastía Nehru-Gandhi continuaba.

La muerte de Indira desató una ola de violencia sin precedentes en todo el país. La gente se echó a las calles, tanto para llorar y lamentar su pérdida como para buscar una venganza que personificaron arrasando con los negocios de los sijs. Fue necesario que Rajiv hiciera un llamamiento a la paz, y no fue posible preparar el funeral hasta que se logró controlar la situación. El 3 de noviembre, en Shantivana, donde también habían sido incinerados su padre Jawarhalal y su hijo Sanjay, Rajiv, acompañado de Sonia y sus dos hijos y rodeado por una multitud silenciosa, prendió fuego a la pira en la que ardería Indira. Estaba descalza, tal y como siempre había dicho que quería marcharse: humilde, cercana.

Indira ardía, como en su día lo hizo su muñeca, envuelta en las llamas y también en el sari rosado que su padre había tejido en la cárcel para esa Indu-boy a la que no dejaba de escribir cartas. La nación lloraba la pérdida de la líder que había dado su vida por la India.

Ahora solo quedaba que su hijo Rajiv esparciera sus cenizas en el viento que barría de norte a sur, de este a oeste, su amado país.

Indira sería la India, y en la India sería inolvidable y eterna.

CRONOLOGÍA

1917 Indira Nehru nace el 19 de noviembre.

1929 Tras estudiar brevemente en Europa, Indira regresa a la India y funda la Brigada de los Monos.

1930 En enero su padre, Jawarhalal Nehru, es elegido líder del Partido del Congreso de la India.

1930 Indira conoce a Feroze Gandhi, un joven parsi.

1931 El 1 de enero detienen a su madre, Kamala. El 6 de febrero fallece su abuelo Motilal, fundador del Partido del Congreso.

1934 Indira estudia en la universidad de Tagore.

1936 Kamala fallece el 28 de febrero.

1938 Indira comienza a estudiar en el Sommerville College de Oxford. Se afilia al Partido del Congreso.

1942 El 26 de marzo Indira se casa con Feroze Gandhi. A los pocos meses ambos son arrestados.

1944 El 20 agosto nace su primer hijo, Rajiv.

1946 El 14 de diciembre nace su hijo, Sanjay.

1947 La India obtiene la independencia del Reino Unido. Su padre es nombrado primer ministro del país.

1948 Fallece Gandhi asesinado.

1959 Indira es elegida presidenta del Partido del Congreso.

1960 Fallece su marido, Feroze Gandhi, de un infarto al corazón.

1964 Fallece su padre. Indira es nombrada ministra de Información y Radiodifusión.

1966 Indira jura el cargo de primera ministra el 24 de enero.

1967 Indira promueve la revolución verde para atajar las hambrunas y la desnutrición en el país.

1968 Rajiv se casa con la italiana Sonia Maino.

1970 Nace Rahul, el primer nieto de Indira (hijo de Rajiv y Sonia).

1971 India invade el este de Pakistán e Indira proclama la independencia de Bangladesh.

1972 Nace su nieta Priyanka, hija de Rajiv y Sonia.

1974 Sanjay se casa con Maneka Anand.

1975 Indira declara el estado de excepción.

1976 Sanjay promueve un programa de control de natalidad con numerosas esterilizaciones masculinas forzosas.

1977 Indira convoca nuevas elecciones y es expulsada del poder.

1980 En enero Indira vuelve a ganar las elecciones. En marzo nace Varun, el primer y único hijo de Sanjay y Maneka. En junio fallece Sanjay.

1981 Rajiv es elegido diputado del congreso.

1983 Los líderes sijs armados se atrincheran en el Templo Dorado. En marzo, Indira es nombrada presidenta del Movimiento de Países No Alineados.

1984 En junio Indira ordena el ataque del ejército al Templo Dorado. El 31 de octubre, Indira es asesinada a manos de dos de sus guardaespaldas sijs.